Jutta Renz • Kerstin Cotrus

Vollwert Muffins

schnell & einfach

Hädecke

Impressum

Fotos: Chris Meier BFF, Stuttgart
Gestaltung und Satz: nett + artig | Julia Graff | Düsseldorf
Repro: Graf Medienservice, Augsburg
Druck: Eurolitho, Rozzano

ISBN 3-7750-0425-4

Printed in Italy

Abkürzungen:

g = Gramm
ml = Milliliter
EL = Esslöffel
TL = Teelöffel
Msp. = Messerspitze
Pck. = Päckchen

Einführung

Inhalt

Inhalt Fortsetzung

Vorwort

Liebe Leserin, lieber Leser,
während meines vierjährigen Musik- und Medienstudiums in Kanada lernte ich ein mir damals noch fremdes Gebäck kennen – die »bran muffins«, das sind vollwertige Kleie-Muffins. Ich aß beinahe jeden Tag eines oder zwei davon als Brotersatz, weil es Vollkornbrot oder Ähnliches in dieser Zeit in Nordamerika noch nicht gab. Bereits die erste Kostprobe dieser Vollwert-Muffins überzeugte mich so, dass ich geradezu verrückt nach ihnen war. Deshalb kürte mich ein Studienkollege – ein Cree-Indianer – kurzerhand zur »Miss Muffin«®.
Als ich nach Abschluss meines Studiums wieder in die schwäbische Heimat zurückkehrte, vermisste ich Muffins sehr. Bereits 1987 hatte ich die Vision: Deutschland braucht Muffins, doch damals war die Zeit hierzulande noch nicht reif dafür. 1995 publizierte ich dann im Selbstverlag das erste Muffin-Backbuch in deutscher Sprache »Jutta's Muffins«®. Damals hätte ich mir nie träumen lassen, dass Muffins sich bald ständig steigender Beliebtheit erfreuen würden – und dieser Trend ist bis heute ungebrochen.
Die meisten Muffins werden aus Weißmehl hergestellt. Doch nicht jeder verträgt Gebäck aus Weißmehl und raffinierten Zutaten. Müssen also Menschen, die beispielsweise an einer Allergie oder an Diabetes leiden, auf den Genuss von Muffins verzichten? Nein, das müssen sie nicht, denn im Reformhaus, Bio- oder Naturkostladen erhalten Sie heute fast alle Zutaten als naturbelassene Lebensmittel.
Lassen Sie Ihrer Kreativität ruhig freien Lauf und beachten Sie auch die Angaben über Austauschprodukte. Weil der Muffin-Teig nur ein Ei enthält oder Dotterfrei, Öl, Jogurt und meistens Obst, schmecken Vollwert-Muffins auch noch am nächsten Tag saftig – eben zum Reinbeißen! Deshalb kann man guten Gewissens sagen, Vollwert-Muffins sind gesund und gut!
An dieser Stelle möchte ich mich bei Ihnen ganz persönlich für Ihre Vorliebe für Muffins aus der Vollwertküche bedanken! Mir sind diese »gesunden« Muffins mit Abstand am liebsten! Ihnen wünsche ich viel Spaß beim Backen von Vollwert-Muffins und einen guten Appetit!

Liebe Grüße von
Ihrer Miss Muffin®

Die Welt der Muffins

- Muffins sind saftige, kleine Kuchen aus Rührteig. Ein echter Muffin ist locker im Teig und innen feucht.

- Muffins backen ist kinderleicht! Der simple Rührteig ist in 10–15 Minuten zubereitet. Die Backzeit beträgt nur ca. 25 Minuten.

- In Nordamerika ist »junk food« (Fertignahrung) an der Tagesordnung. Als Gegenströmung zu diesem nährstoffarmen Essen entstand die »health food«-Bewegung, die ganz auf Vollwerternährung setzt. Auch Muffins gehören dazu. Die bekannteste Sorte in Kanada sind die »bran muffins«.

- Wie Sie aus den Rezepten entnehmen können, bestehen Vollwert-Muffins grundsätzlich aus naturbelassenen und gesunden Lebensmitteln, wie frisch gemahlenem Getreide, Ur-Süße bzw. Vollrohrzucker oder Honig, Öl oder Butter, Buttermilch oder Jogurt, allerlei Gemüse-, Obst- und Fruchtsorten, aus Nüssen und Gewürzen aller Art. Dadurch sind sie, wie beispielsweise ein Müsli, sehr sättigend. Muffins sind also gesund und schmecken gut!

- Muffins sind so gesund, wie Sie sie haben möchten. Wenn Sie nur Vollwertprodukte verwenden, dann zählen Muffins bei Ihnen auch zu den Vollwertprodukten.

- Muffins passen immer:
zum Frühstück – zu einer Tasse Kaffee, Tee oder Kakao
als Snack – zum »Vesper« oder für Schule und Kindergarten als Pausensnack
als Beilage – als Hauptgericht zum Mittagessen
als Dessert – zum Schlemmen für Naschkätzchen
zum Kaffeekränzchen – am Nachmittag für große Gäste
zum Kindergeburtstag – als Überraschung für kleine Gäste
(z. B. mit Schokoguss und Honig-Gummibärchen)
als Geschenkidee – hübsch verpackt als Mitbringsel für Freunde und Bekannte
fürs Picknick – im Sommer bei Sonne in fröhlicher Runde

- Viel braucht man zum Backen von Muffins wirklich nicht. Auch mit kleiner Küchenausstattung sind die kleinen feinen Gebäcke zu realisieren.

Rezept von Seite 24, Apfel-Weinbeeren-Muffin

Tipps & Tricks

Sie brauchen

- 2–3 Rührschüsseln (davon eine große)
- 1 Gabel und 1 Kochlöffel
- 1 Tee- und 1 Esslöffel (etwa gleiche Größe wie in den USA; ca. 5 g und ca. 15 g)
- Papier-Backförmchen (im Handel erhältlich)
- 1 Muffin-Backblech mit 12 Vertiefungen

Alle Rezepte ergeben im Durchschnitt 12 schöne, große Mmmmmmmuffins!

Backzutaten und Austauschprodukte

Es gibt über die in den Rezepten angegebenen Zutaten hinaus natürlich noch eine Fülle anderer Lebensmittel, die Sie verwenden können. Exemplarisch sind hier einige Zutaten und mögliche Alternativen ausgewählt.

Buchweizen, Mais, Hirse, Reis, Amarant und Quinoa enthalten kein Klebereiweiß, sind also glutenfrei. Wenn Sie diese Getreidesorten verwenden, muss die Hälfte des Mehls aus Weizen, Dinkel, Hafer oder anderen Mehlen mit Klebereiweiß bestehen. Maisstärke kann allerdings zum Backen verwendet werden.
Bei Weizenunverträglichkeit können Sie Weizen generell durch Dinkel ersetzen.

Getreidesorten

Abweichend von den angegebenen Zutaten können Sie ganz nach Geschmack die Getreidesorten variieren, allerdings müssen Sie darauf achten, dass wenigstens die Hälfte des Mehls Klebereiweiß enthält, damit die Muffins nicht auseinander fallen.
Amarant und Quinoa sind bei uns erst seit dem vergangenen Jahrhundert bekannt, obwohl sie in ihrem Heimatland eine Jahrhunderte lange Tradition haben: Beide waren bereits den Inkas bekannt.
Amarant lässt sich mit einer Steinmühle fein mahlen, enthält aber kein Klebereiweiß, ist also glutenfrei und muss zum Backen deshalb mit einem anderen, glutenhaltigen Mehl gemischt werden.
Quinoa, auch Perureis genannt, ist in den Anden ein Grundnahrungsmittel. Quinoa hat Hirse ähnliche Samen, deren Saponin haltige Schale vor der Verarbeitung entfernt wird. Quinoa schmeckt ähnlich wie Reis. Es gibt ihn auch als Mehl zu kaufen. Wie Ama-

Rezept von Seite 31, Himbeer-Haferflocken-Muffins

rant enthält auch Quinoa kein Klebereiweiß, muss zum Backen also mit glutenhaltigen Mehlen gemischt werden.

GESUNDHEITSTIPP

Frisch gemahlenes Getreide ist gesünder als niedrig ausgemahlenes Weißmehl. Es ist reich an Ballast- und Mineralstoffen, Vitaminen und essenziellen Fettsäuren, die für eine gesunde Ernährung notwendig sind. Außerdem halten Ballaststoffe den Darm auf Trab und beugen nachweislich Krebserkrankungen vor.

Getreideflocken

Hafer, Dinkel, Gerste, Roggen, Reis, Soja, Hirse oder Weizen sind im Handel als Flocken erhältlich. Sie können aber mit einer Flockenquetsche aus dem ganzen Getreidekorn selbst hergestellt werden und sind dann noch gesünder, weil frischer.

Kleie

Weizen- oder Haferkleie können Sie beliebig austauschen. Kleie hat bei einem relativ geringen Anteil an Kalorien einen hohen Anteil an Vitaminen, Mineralstoffen, Eiweiß sowie Ballaststoffen und ist deshalb ein Lebensmittel mit hohem gesundheitlichen Wert.

GESUNDHEITSTIPP

In medizinischen Studien konnte nachgewiesen werden, dass Hafer den Cholesterinspiegel senkt. Weizenkeime sind reich an mehrfach ungesättigten Fettsäuren, Kalium, Eisen, Vitamin B_1 und Vitamin E und deshalb besonders wertvoll.

Backtreibmittel

Damit der Teig schön in die Höhe geht und innen locker wird, brauchen Muffinteige Unterstützung in Form von Backtreibmitteln. Sie können zwischen Weinstein-Backpulver, Haushaltsnatron oder Hirschhornsalz wählen. Für meine Rezepte habe ich in der Regel Weinstein-Backpulver und Haushaltsnatron verwendet.

GESUNDHEITSTIPP

Weinstein-Backpulver besteht aus Weinsäure, die von Weintrauben gewonnen wird. Sie ist phosphatfrei und somit gesünder als das herkömmliche Backpulver!
Natron ist eine Art Lauge und sorgt dafür, dass bei kurzer Backzeit die Muffins schön aufgehen und innen locker bleiben.

BACKTIPP

Wenn im Rezept Sauermilch-Produkte wie Buttermilch, Jogurt oder saure Sahne angegeben sind, sollte unbedingt zusätzlich ½ Teelöffel Natron als Backtreibmittel verwendet werden, da sonst die Muffins auf Grund des höheren Fettgehalts nicht aufgehen. Wenn Sie nur Milch verwenden, dann können Sie das Natron weglassen.

Nüsse oder Samen …

… geben den Muffins Geschmack. Wählen Sie nach Belieben zwischen Walnuss-, Pecan-, Cashew-, Hasel- oder Erdnusskernen, Pinienkernen oder Mandeln. Leinsamen und Sesam, Sonnenblumen- oder Kürbiskerne geben den Muffins einen feinen oder herzhaften Geschmack. Wenn Sie Samen oder Nüsse vor dem Mahlen oder Hacken in einer trockenen Pfanne ohne Fett hellgelb rösten, bekommen sie ein intensiveres Aroma.

Nuss- oder Mußsorten …

… eignen sich für Füllungen oder auch um Teigen ein besonderes Aroma zu geben. Im Reformhaus oder Naturkostladen erhalten Sie Erdnussbutter, verschiedene Nussmuse (z. B. Haselnussmus, Mandelmus usw.) oder Nussnougatcreme mit Roh-Rohrzucker.

Gewürze …

… gehören zum Backen wie das Mehl. Bourbon-Vanille, Vanillezucker (mit Roh-Rohrzucker) oder flüssige Vanille, Zimt, Anis, Nelken, Muskat usw. sorgen für ein immer neues Geschmackserlebnis.

Süßungsmittel

In der Vollwertküche ist raffinierter Zucker verpönt. Nehmen Sie statt dessen Vollrohrzucker (Zuckerrohrgranulat, Roh-Rohrzucker) oder Ur-Süße, Honig (z. B. Akazienhonig) oder Obstdicksaft (aus Birnen oder Äpfeln), Melasse oder Zuckerrübensirup, Ahornsirup, Steviapulver oder -extrakt.

GESUNDHEITSTIPP

Dem weißen Zucker werden bei der Raffination alle Vitalstoffe entzogen. Dieser Zucker agiert im menschlichen Körper als Vitamin- und Mineralstoffräuber. Der herkömmliche braune Zucker besteht oft aus eingefärbtem Raffineriezucker und darf nicht mit Vollrohrzucker oder Ur-Süße verwechselt werden, die beide aus dem unbehandelten Zuckerrohr gewonnen werden.

Schokolade

Auch auf Schokolade müssen Sie bei Vollwert-Muffins nicht verzichten, denn Reformhäuser und Naturkostläden halten ein breites Sortiment an Schokolade mit Roh-Rohrzucker oder Carob und Honigschokolade bereit.

Eier

Verwenden Sie, wenn möglich, Bio-Eier und achten Sie beim Kauf darauf, dass die Eier aus Freilandhaltung kommen.
Das Ei können Sie durch zwei Eiweiße (weniger Cholesterin!) oder Dotterfrei ersetzen. Allerdings sind nach jüngsten wissenschaftlichen Erkenntnissen Eier nicht für einen erhöhten Cholesterinspiegel verantwortlich, weil das im Ei enthaltene Lecitin Cholesterin senkend wirken soll.

GESUNDHEITSTIPP

Bei Eiweiß-Unverträglichkeit nehmen Sie 85 Gramm Apfelmus.

BACKTIPP

Die meisten Rezepte enthalten 1 Ei. Bitte verwenden Sie 1 mittelgroßes Ei oder 2 kleine Eier. Zu viel Ei macht die Muffins trocken!

Fett

Hier eignen sich kalt gepresste, geschmacksneutrale Pflanzenöle ebenso wie weiche Butter oder Pflanzenmargarine ohne gehärtete Fette. Wenn Sie Butter durch Öl ersetzen wollen, brauchen Sie nur etwa ¾ der Fettmenge (80 ml Öl entsprechen 125 g zerlassener oder weicher Butter.

GESUNDHEITSTIPP

Am gesündesten sind kalt gepresste Öle, wie z. B. Distel-, Maiskeim-, Sonnenblumen-, Raps- oder Olivenöl. Besonders wertvoll sind Öle mit mehrfach ungesättigten Fettsäuren, allen voran Rapsöl. Beachten Sie beim Einkauf die Angaben auf der Flasche.

Milchprodukte

Kefir, Bio-Milch, Dickmilch, saure Sahne, Natur- oder Fruchtjogurt (z. B. mit verschiedenen Geschmacksrichtungen wie Erdbeer-, Heidelbeer- usw.) geben einen feinen Geschmack und sorgen auch dafür, dass der Teig locker wird.

Bei Milchallergie ersetzen Sie die angegebene Menge durch Reis-, Mandel-, Kokos- oder Sojamilch bei süßen Muffins beziehungsweise Ziegenmilch bei herzhaften Muffins. Alternativ verwenden Sie Lactose-freie Milch oder Fruchtsaft nach Geschmack.

BACKTIPP

Quark (aus Milch) ist für Muffins nicht geeignet. Er macht den Teig schwer.

Früchte und Beeren

Verwenden Sie, wenn möglich, frische Früchte und Beeren der Saison (Äpfel, Birnen, Himbeeren, Erdbeeren, Heidelbeeren usw.). Wenn Sie einmal tiefgefrorene Beeren nehmen, geben Sie diese unaufgetaut unter den Teig. Größere Früchte wie beispielsweise Zwetschgen oder Erdbeeren sollten Sie vor dem Backen auftauen und abtropfen lassen. Trockenfrüchte (Datteln, Feigen, Pflaumen, Aprikosen, Weinbeeren oder Rosinen) werden am besten vor der Verwendung in heißem Wasser oder naturtrübem Apfelsaft eingeweicht.

GESUNDHEITSTIPP

Kaufen Sie in jedem Fall ungeschwefeltes Trockenobst.

Käse

Herzhafte Muffins bekommen durch die Verwendung verschiedener Käsesorten erst den richtigen Kick (z. B. Edamer, Bergkäse, Greyerzer etc.).

Fleisch oder Wurst

Als Ersatz bieten sich Tofuprodukte (z. B. Räuchertofu) oder andere Sojaprodukte an, alternativ dazu gibt es inzwischen auch Lupinenquark, der wie Naturtofu verarbeitet werden kann. Lupinenquark hat bei geringerem Kaloriengehalt einen höheren Anteil an Eiweiß und Kohlenhydraten, aber weniger Fett.

Teigzubereitung

Muffins sind jederzeit schnell und problemlos zubereitet. Die Zubereitungszeit beträgt nur 30–40 Minuten. Muffins zählen also zu den schnellsten kleinen Kuchen der Welt! Die trockenen Zutaten (z. B. Mehl und Nüsse) und die feuchten Zutaten (z. B. Ei und Jogurt) werden grundsätzlich getrennt voneinander in zwei separaten (!) Schüsseln gerührt. Die trockenen Zutaten werden zu den feuchten Zutaten gegeben und alles nur so lange

miteinander verrührt, bis die Zutaten gut feucht und noch »klumpig« sind. Im Schnitt reicht es, wenn man etwa zwanzigmal rührt. Der Teig sollte also sehr schnell verarbeitet werden. Dies ist die Grundregel beim Muffinbacken!
Zum Rühren benötigt man einen Esslöffel oder einen Kochlöffel. Wird das elektrische Handrührgerät benutzt, dann bitte nur für die flüssigen Zutaten und lediglich auf Stufe 1! Der Rührteig sollte nie schaumig geschlagen werden und noch locker bleiben. Der Teig muss »zähflüssig« sein, also nicht zu flüssig oder zu fest (schwer vom Löffel reißend). Bitte behalten Sie den Teig gut im Auge. Wird nämlich die fertige Teigmasse zu lange gerührt und steht sie geraume Zeit, dann löst sich das Gluten (Klebereiweiß) im Mehl auf und die Muffins werden hart, trocken und schwer. Je schneller also der Teig in die Muffinblech-Vertiefungen gefüllt wird, desto leichter und lockerer werden die Muffins!

ZUBEREITUNG SCHRITT FÜR SCHRITT:

1 Den Backofen auf 180 °C (Umluft 160 °C) vorheizen. Die Muffinblech-Vertiefungen einfetten und mit Mehl bestäuben oder Papier-Backförmchen hineinsetzen.

2 Den Weizen fein mahlen. Schokolade oder Nüsse, die Gewürze, das Backpulver und das Natron dazugeben und alles sorgfältig vermengen.

3 In einer großen Schüssel das Ei leicht verquirlen. Dann Honig oder Zucker, Öl oder Butter, Milchprodukte und Früchte hinzufügen und kurz unterrühren. Die Mehlmischung zur Eiermasse geben und nur so lange rühren, bis die trockenen Zutaten feucht sind.

4 Den Teig (etwa 1 kleinen Schöpflöffel 30 bis 40 ml voll) in die Vertiefungen füllen und mit Nüssen oder Kokosraspeln bestreuen. Die Muffins im heißen Backofen auf der mittleren Schiene 20–25 Minuten backen.

5 Die fertigen Muffins aus dem Backofen nehmen, in der Form 5–10 Minuten ruhen lassen, dann aus der Form lösen und noch warm servieren.

Nach Belieben können Sie die Muffins verzieren. Z.B. die Kuvertüre oder Schokolade im heißen Wasserbad schmelzen lassen. Die Muffins einzeln darin eintauchen, leicht abtropfen lassen und mit Fruchtgummis hübsch verzieren.

Backen

Kommen unverhofft Gäste, sind Muffins eine unkomplizierte und gute Idee. Da es sich bei Muffins um ein Kleingebäck handelt, ist die Backdauer relativ kurz, sie beträgt in der Regel nicht mehr als 25 Minuten.
Je nach Größe der Muffinblech-Vertiefungen ändert sich selbstverständlich auch die Länge der Backzeit! Je mehr Inhalt in die Förmchen gegeben wird, desto länger ist die Backzeit. Die Standardangaben beziehen sich auf Teigfüllungen bis fast zum oberen Rand für 12 schöne, große Muffins. Der Backofen sollte stets auf 180 bis 200 °C (Umluft 160 bis 180 °C) vorgeheizt werden.
Die Muffins werden im heißen Backofen bei mittlerer Hitze (180 °C, Umluft 160 °C) auf der mittleren Schiene goldgelb gebacken. Sie selbst kennen Ihren eigenen Backofen am besten. Wegen der kurzen Backzeit ist es wichtig, am Anfang eine möglichst hohe Temperatur zu gewährleisten; nach 10 Minuten können Sie die Backofentemperatur bei Bedarf etwas reduzieren. Bitte öffnen Sie die Backofentür nicht während des Backens.
Wenn Sie Papier-Backförmchen verwenden, brauchen Sie die Vertiefungen nicht einzufetten. Ansonsten sollte das Blech gut gefettet werden, also die Einbuchtungen und der äußere Rand, damit größere Muffins nicht am Blech oben kleben bleiben! Bei herzhaften Muffins eignen sich Papier-Backförmchen nicht!
Die »Stäbchen-Probe« zeigt, ob die Muffins schon fertig sind. Dafür stechen Sie ein Holzstäbchen (z. B. ein Schaschlikspießchen) in die Mitte eines Muffins. Haftet nach dem Herausziehen Teig daran, müssen die Muffins noch einige Minuten gebacken werden.
So erkennen Sie, ob ein Muffin fertig ist: Beim Eindrücken mit dem Finger sollte der Muffin seine ursprüngliche Form bewahren, dann ist er durchgebacken! Falls die Mulde eingedrückt bleibt, muss noch etwas länger gebacken werden.
Bevor man die Muffins aus dem Blech nimmt, sollten sie 5 bis 10 Minuten im Backblech abkühlen. Dies ist besonders bei Früchte-Muffins wichtig. Mit einer leichten Drehbewegung lassen sich die Muffins sehr einfach aus den Blechvertiefungen lösen.
Ein hilfreicher Trick: Stellen Sie das Backblech einige Zeit auf ein angefeuchtetes Tuch, dadurch lösen sich die Muffins besser vom Blech.

Aufbewahren & Einfrieren

Muffins lassen sich am besten in einem luftdichten Plastikbehälter oder einer Plastiktüte im Vorratsschrank aufbewahren. So bleiben sie feucht! Bei längerer Aufbewahrungs-

zeit (bis ca. 1 Woche), vor allem im Sommer, sollten die Muffins im Kühlschrank gelagert werden.
Auf Vorrat backen lohnt sich, denn Muffins eignen sich hervorragend zum Einfrieren. Die Muffins dazu vollständig abkühlen lassen und luftdicht in einem Gefrierbeutel verpacken. Im Backofen (10 bis 15 Minuten bei 180 °C) oder im Mikrowellenherd (maximal 1 Minute) sind sie schnell wieder aufgetaut und aufgewärmt.
Noch ein Geheimtipp aus der »Muffinologie«: Auch der Muffinteig lässt sich prima einfrieren. Füllen Sie, wie gewohnt, den Teig in die gut gefetteten Muffinblech-Vertiefungen. Bitte keine Papier-Backförmchen verwenden, da der gefrorene Teig sonst am Papier kleben bleibt. Frieren Sie nun das gesamte Blech mit dem Teiginhalt so lange ein, bis die Teigteile gefroren sind. Nehmen Sie dann die gefrorenen Muffins aus dem Blech und frieren Sie diese, in einer Plastiktüte abgepackt, ein. Die Aufbewahrungszeit beträgt ca. 3 Monate. Wenn Sie später schnell Muffins benötigen, können Sie die gefrorenen Teigteile wieder in das Backblech setzen und ausbacken. Beachten Sie bitte: Die Backzeit verlängert sich dadurch um 5 bis 6 Minuten.

Essen & Servieren

Süße Muffins

Muffins mit Früchten oder Gemüse, wie z. B. die Möhren-Muffins, schmecken auch noch am nächsten Tag. Vollwert-Muffins ohne Obst haben einen niedrigeren Feuchtigkeitsgehalt und schmecken am besten frisch aus dem Backofen und noch warm! Hauptsächlich zu Kleie- und Haferflocken-Muffins essen die Nordamerikaner Honig oder etwas Butter. Je nach Geschmack können Sie zu jeder Art von Muffins auch Apfelmus, Früchtekompott oder -püree, eine Kaltschale oder Schlagsahne servieren.

Salzige Muffins

Alle herzhaften Muffins werden, z. B. als Beilage zum Mittag- oder Abendessen, zu Chili con carne, einem knackig frischen Salat oder einer Suppe, warm serviert. Herzhafte Muffins schmecken am besten frisch aus dem Backofen und noch warm serviert!

Rezept von Seite 56, Müsli-Muffins

Süße Muffins

Grundrezept • für etwa 12 Stück

Ihrer Kreativität sind keine Grenzen gesetzt: Verwenden Sie, was Sie vorrätig haben oder was Ihnen schmeckt!

für den Teig:

250 g Weizen oder eine Mischung aus verschiedenen Getreidesorten
75 g gehackte Schokolade (mit Honig oder Roh-Rohrzucker gesüßt, Diätschokolade) oder gehackte Nüsse (Ihre Lieblingssorte), Kokosraspel, gehackte Trockenfrüchte oder Rosinen oder Sesam- oder Leinsamen, Sonnenblumen- oder Kürbiskerne
½ TL Zimtpulver oder
1 Msp. Bourbon-Vanille oder
1 TL abgeriebene Schale einer unbehandelten Orange oder Zitrone
3 TL Backpulver
½ TL Natron
1 Ei
120 g Honig oder Ahornsirup oder Vollrohrzucker/Ur-Süße oder
75 g Apfel- oder Birnendicksaft
80 ml Pflanzenöl oder
125 g weiche Butter
300 g Buttermilch oder Kefir, Jogurt, Milch, Dickmilch, saure Sahne oder
300 ml Fruchtsaft oder Milchaustauschprodukte (z. B. Kokos-, Reis-, Ziegen- oder Sojamilch)
200 g Früchte der Saison

zum Bestreuen:

3–4 EL gehackte Nüsse oder Kokosraspel

für den Guss und die Verzierung:

150 g Vollmilchkuvertüre (aus Roh-Rohrzucker) oder Honigschokolade, gehackt
100 g Fruchtgummi aus Fruchtsaft

für die Backform:

Fett und Mehl oder
12 Papier-Backförmchen

1 *Zuerst den Backofen vorheizen, die Muffinblech-Vertiefungen einfetten und mit Mehl bestäuben oder Papier-Backförmchen hineinsetzen. Dann die trockenen Zutaten in einer mittelgroßen Schüssel sorgfältig vermischen.*

2 *Nun die feuchten Zutaten miteinander verrühren. Mit dem Ei beginnen und dann den Zucker, das Fett und die Milchprodukte hinzufügen.*

3 *Jetzt die trockenen mit den feuchten Zutaten vermengen. Der Teig darf dabei nur kurz gerührt werden (etwa 20-mal!)*

4 *Den Teig nicht stehen lassen, sondern sofort in die Vertiefungen des Muffinblechs füllen. Und ab in den Ofen!*

Süße Muffins mit Früchten oder Gemüse

Möhren-Muffins

für den Teig:

- 2 **große** *Möhren (ca. 220 g)*
- 70 g *Honigmarzipan*
- 200 g *Weizen*
- 50 g *Vollkorn-Haferflocken (oder andere Flockensorten bzw. Kleie, z. B. Haferkleie)*
- 60 g *gehackte Mandeln*
- ½ TL *Zimtpulver*
- 3 TL *Weinstein-Backpulver*
- ½ TL *Natron*
- 1 *Ei*
- 120 g *Vollrohrzucker oder Ur-Süße*
- 80 ml *Pflanzenöl*
- 325 g *saure Sahne*

für die Streusel:

- 60 g *Weizen*
- 30 g *Vollrohrzucker oder Ur-Süße*
- ½ TL *Zimtpulver*
- 30 g *Honigmarzipan, in kleine Stücke geschnitten*
- 40 g *Butter*

für die Backform:

- *Fett und Mehl* **oder**
- 12 *Papier-Backförmchen*

1 Den Backofen auf 180 °C (Umluft 160 °C) vorheizen. Die Muffinblech-Vertiefungen einfetten und mit Mehl bestäuben oder Papier-Backförmchen hineinsetzen.

2 Die Möhren waschen und fein raspeln. Das Honigmarzipan in kleine Stücke schneiden. Den Weizen fein mahlen. Haferflocken, Möhrenraspel, Honigmarzipan, Mandeln, Zimt, Backpulver sowie Natron hinzufügen und alles kurz miteinander vermischen.

3 In einer zweiten, großen Schüssel das Ei leicht verquirlen. Dann den Zucker, das Öl und die saure Sahne dazugeben und kurz verrühren. Die Mehlmischung zur Eiermasse geben und nur so lange rühren, bis die trockenen Zutaten feucht sind.

4 Für die Streusel den Weizen fein mahlen, mit Zucker und Zimt verrühren. Marzipan und Butter hinzufügen und alles mit den Fingern zu einer krümeligen Masse verkneten.

5 Den Teig in die Muffinblech-Vertiefungen füllen. Die Streusel auf den Teig streuen. Die Muffins im Backofen auf der mittleren Schiene 20–25 Minuten backen.

TIPP:

Wenn Sie die Marzipanstückchen im Teig stören, erhitzen Sie 125 ml Milch oder Sahne und lassen das klein geschnittene Marzipan darin bei schwacher Hitze schmelzen. Diese Masse geben Sie mit 200 g saurer Sahne zu den flüssigen Zutaten.

Kürbis-Muffins (Abb. Seite 25)

für den Teig:

- 80 g *Rosinen (nach Geschmack)*
- 250 g *Weizen*
- 4 EL *Kürbiskerne*
- 1 TL *Zimtpulver*
- ⅛ TL *Muskatnuss*
- ¼ TL *Ingwerpulver* oder
- 1 EL *frisch geriebener Ingwer*
- 3 TL *Weinstein-Backpulver*
- ½ TL *Natron*
- 1 *Ei*
- 120 g *Vollrohrzucker oder Ur-Süße*
- 80 ml *Pflanzenöl*
- 175 g *saure Sahne*
- 150 g *gegartes Kürbisfleisch (siehe Tipp)*

zum Bestreuen:

- 3 EL *Kürbiskerne*

für die Backform:

- *Fett und Mehl* **oder**
- 12 *Papier-Backförmchen*

1 Den Backofen auf 180 °C (Umluft 160 °C) vorheizen. Die Muffinblech-Vertiefungen einfetten und mit Mehl bestäuben oder Papier-Backförmchen hineinsetzen.

2 Die Rosinen in etwas heißem Wasser einweichen. Den Weizen fein mahlen und mit den Kürbiskernen vermengen. Dann die Gewürze, die Rosinen, das Backpulver und das Natron hinzufügen und alles sorgfältig vermischen.

3 In einer großen Schüssel das Ei leicht verquirlen. Dann den Zucker, das Öl, die saure Sahne und das Kürbisfleisch dazugeben und alles kurz verrühren. Die Mehlmischung zur Eiermasse geben und nur so lange rühren, bis die trockenen Zutaten feucht sind.

4 Den Teig in die Muffinblech-Vertiefungen füllen und mit den Kürbiskernen bestreuen. Die Muffins im heißen Backofen auf der mittleren Schiene 20–25 Minuten backen.

5 Die fertigen Muffins aus dem Backofen nehmen, in der Form 5–10 Minuten ruhen lassen, dann aus der Form lösen und auf Wunsch noch warm servieren.

TIPP:

Herbstzeit ist Kürbiszeit! Das Kürbisfleisch gewinnen Sie folgendermaßen: Einen Kürbis längs halbieren und Kerne sowie faseriges Fruchtfleisch mit einem spitzen Löffel herauslösen. Die Kürbishälften mit der Schnittfläche nach oben in den Backofen stellen und etwa 1 Stunde bei 190 °C backen. Die Kürbishälften dann aus dem Backofen nehmen, das Fruchtfleisch mit einem Löffel herauslösen und pürieren. Wenn Ihnen das zu aufwendig ist: Kürbismus gibt es mittlerweile auch als Fertigprodukt im Reformhaus oder Naturkostladen.

Variante

Anstelle des gekochten Kürbisfleischs können Sie auch rohen, geraspelten Kürbis verwenden. Bitte fügen Sie dann die doppelte Menge saure Sahne hinzu. Diese Menge ergibt 14 bis 15 Muffins.

Buchweizen-Beeren-Muffins

für den Teig:

- *150 g Weizen*
- *125 g Buchweizen*
- *200 g Beeren (z. B. Himbeeren, Brombeeren, Heidelbeeren, Johannisbeeren)*
- *3 TL Weinstein-Backpulver*
- *½ TL Natron*
- *1 Ei*
- *120 g flüssiger Honig*
- *2 Msp. Bourbon-Vanille*
- *80 ml Pflanzenöl*
- *300 g Kefir oder Jogurt*

zum Verzieren:

- *200 g Schlagsahne*
- *2 EL flüssiger Honig*
- *1 Msp. Bourbon-Vanille*
- *12 schöne Beeren*

für die Backform:

- *Fett und Mehl* **oder**
- **12** *Papier-Backförmchen*

1 Den Backofen auf 180 °C (Umluft 160 °C) vorheizen. Die Vertiefungen im Muffinblech einfetten und mit Mehl bestäuben oder Papier-Backförmchen hineinsetzen.

2 Weizen und Buchweizen fein mahlen. Die Beeren sowie Backpulver und Natron zum Mehl geben und alles sorgfältig mischen.

3 In einer großen Schüssel das Ei leicht verquirlen. Dann den Honig, die Vanille, das Öl und den Kefir oder Jogurt hinzufügen und alles kurz verrühren. Die Mehlmischung zur Eiermasse geben und nur so lange rühren, bis die trockenen Zutaten feucht sind.

4 Den Teig in die Muffinblech-Vertiefungen füllen. Die Muffins im heißen Backofen auf der mittleren Schiene 20–25 Minuten backen.

5 Die fertigen Muffins aus dem Backofen nehmen, in der Form 5–10 Minuten ruhen lassen, dann aus der Form lösen und auf einem Kuchengitter abkühlen lassen.

6 Die Schlagsahne sehr steif schlagen. Den Honig und die Vanille unterrühren. Die Sahne in einen Spritzbeutel mit Sterntülle geben und auf die Muffins kleine Rosetten spritzen. Oder die Sahne mit einem Esslöffel auf den Muffins verteilen. Mit Beeren verzieren.

Apfel-Weinbeeren-Muffins

für den Teig:

175 g Weizen oder Dinkel
100 g Amarant
60 g Weinbeeren
2 große, säuerliche Äpfel (z. B. Elstar, ca. 200 g)
1 TL Zimtpulver
75 g gehackte Pinienkerne oder Mandeln
3 TL Weinstein-Backpulver
½ TL Natron
1 Ei
80 g Apfeldicksaft
50 g Apfelkraut
80 ml Pflanzenöl
300 g Buttermilch

zum Bestreuen:

4 EL Mandelblättchen oder gehackte Pinienkerne

für die Backform:

Fett und Mehl oder
12 *Papier-Backförmchen*

1 Den Backofen auf 180 °C (Umluft 160 °C) vorheizen. Die Vertiefungen im Muffinblech einfetten und mit Mehl bestäuben oder Papier-Backförmchen hineinsetzen.

2 Weizen oder Dinkel und Amarant fein mahlen. Die Weinbeeren in heißem Wasser etwa 10 Minuten einweichen.

3 Das Mehl mit den Apfelstückchen, dem Zimt sowie dem Backpulver und Natron sorgfältig mischen. Die Weinbeeren abtropfen lassen und unterheben.

4 In einer großen Schüssel das Ei leicht verquirlen. Den Dicksaft, das Apfelkraut, das Öl und die Buttermilch hinzufügen und kurz verrühren. Die Mehlmischung zur Eiermasse geben und nur so lange rühren, bis die trockenen Zutaten feucht sind.

5 Den Teig in die Muffinblech-Vertiefungen füllen und mit je 1 TL Mandelblättchen oder Pinienkernen bestreuen. Die Muffins im heißen Backofen auf der mittleren Schiene 20–25 Minuten backen.

6 Die fertigen Muffins aus dem Backofen nehmen, in der Form 5–10 Minuten ruhen lassen, dann aus der Form lösen und auf Wunsch noch warm servieren.

TIPP:

Wenn Sie Mandelblättchen oder Pinienkerne in einer trockenen Pfanne rösten, bis sie anfangen zu duften, ist ihr Aroma noch intensiver!

INFO:

Als Weinbeeren kommen vor allem die kernlosen getrockneten Trauben kalifornischer und südafrikanischer Rebstöcke auf den Markt.

Rezept Seite 22, Kürbis-Muffins

Zucchini-Zitronen-Muffins (Abb. Seite 45)

für den Teig:

- *100 g Hafer- oder Dinkelflocken*
- *300 g Kefir oder Jogurt*
- *150 g Weizen*
- *80 g gehackte Walnusskerne*
- *abgeriebene Schale von ½ unbehandelter Zitrone*
- *½ TL Zimtpulver*
- *2 Msp. Muskatnuss*
- *3 TL Weinstein-Backpulver*
- *½ TL Natron*
- *1 Ei*
- *120 g Vollrohrzucker oder Ur-Süße*
- *80 ml Pflanzenöl*
- *1 EL Zitronensaft*
- *150 g Zucchini, fein geraspelt*

für den Guss:

- *150 g Vollrohrzucker oder Ur-Süße*
- *2–3 EL Zitronensaft*
- *12 halbe oder*
- *3–4 EL gehackte Walnusskerne*

für die Backform:

- *Fett und Mehl* **oder**
- **12** *Papier-Backförmchen*

1. Den Backofen auf 180 °C (Umluft 160 °C) vorheizen. Die Muffinblech-Vertiefungen einfetten und mit Mehl bestäuben oder Papier-Backförmchen hineinsetzen.

2. Die Flocken mit Kefir oder Jogurt verrühren und die Masse quellen lassen.

3. Den Weizen fein mahlen. Dann Walnüsse, Gewürze sowie Backpulver und Natron zum Weizenmehl geben und alles sorgfältig vermischen.

4. In einer großen Schüssel das Ei leicht verquirlen. Den Zucker, das Öl, den Zitronensaft, die Zucchini und das Flocken-Gemisch hinzufügen und kurz verrühren. Die Mehlmischung zur Eiermasse geben und nur so lange rühren, bis die trockenen Zutaten feucht sind.

5. Den Teig in die Muffinblech-Vertiefungen füllen. Die Muffins im heißen Backofen auf der mittleren Schiene 20–25 Minuten backen.

6. Die fertigen Muffins aus dem Backofen nehmen, in der Form 5–10 Minuten ruhen lassen, dann aus der Form lösen und auf einem Kuchengitter abkühlen lassen.

7. Für den Guss den Zucker in einer Kaffeemühle fein mahlen und mit dem Zitronensaft glatt rühren. Die Muffins an der Oberfläche mit dem Guss bestreichen und mit den Walnusskernen verzieren.

Variante

Exotisch wird der Teig, wenn Sie 125 g frische Ananas in Stücke schneiden und mit 5 EL Kokosflocken unter den Teig rühren. Statt der Ananas schmecken auch 80 g in Rum eingelegte Rosinen.

Fitness-Muffins

für den Teig:

- *150 g Weizen*
- *125 g gemischte Getreideflocken (z. B. Hafer-, Dinkelflocken usw.)*
- *abgeriebene Schale von ½ unbehandelten Zitrone*
- *200 g Früchte (Pfirsich, Mango, Papaya), klein geschnitten*
- *3 TL Weinstein-Backpulver*
- *½ TL Natron*
- *1 Ei*
- *120 g Ahornsirup oder Honig*
- *80 ml Pflanzenöl*
- *150 g Kefir oder Jogurt*
- *150 ml Multi-Vitaminsaft (ohne Zucker)*
- *1 EL Zitronensaft*

für die Backform:

- *Fett und Mehl* **oder**
- 12 *Papier-Backförmchen*

1. Den Backofen auf 180 °C (Umluft 160 °C) vorheizen. Die Vertiefungen im Muffinblech einfetten und mit Mehl bestäuben oder Papier-Backförmchen hineinsetzen.

2. Den Weizen fein mahlen, mit den Flocken, der Zitronenschale, den Fruchtstücken, dem Backpulver und Natron sorgfältig vermischen.

3. In einer großen Schüssel das Ei leicht verquirlen. Dann den Ahornsirup oder Honig, das Öl, den Kefir oder Jogurt, den Vitamin- und den Zitronensaft hinzufügen und alles kurz verrühren. Die Mehlmischung zur Eiermasse geben und nur so lange rühren, bis die trockenen Zutaten feucht sind.

4. Den Teig in die Muffinblech-Vertiefungen füllen und mit den restlichen bestreuen. Die Muffins im heißen Backofen auf der mittleren Schiene 20–25 Minuten backen.

5. Die fertigen Muffins aus dem Backofen nehmen, in der Form 5–10 Minuten ruhen lassen, dann aus der Form lösen und nach Belieben noch warm servieren.

Variante

Besonders aromatisch wird der Teig, wenn Sie unter die trockenen Zutaten noch 8 EL gehackte, ungesalzene Macadamianusskerne mischen.

Kirsch-Muffins

für den Teig:

- *150 g Weizen*
- *100 g Dinkel*
- *60 g gehackte Mandeln oder andere Nüsse*
- *200 g entsteinte Sauer- oder Süßkirschen*
- *3 TL Weinstein-Backpulver*
- *½ TL Natron*
- *1 Ei*
- *120 g Vollrohrzucker oder Ur-Süße*
- *125 g weiche Butter oder*
- *80 ml Pflanzenöl*
- *300 g Kefir oder Buttermilch*

für die Streusel:

- *50 g Weizen*
- *50 g gemahlene Mandeln oder andere Nüsse*
- *50 g Vollrohrzucker oder Ur-Süße*
- *70 g Butter*
- *½ TL Zimtpulver*

für die Backform:

- *Fett und Mehl* **oder**
- 12 *Papier-Backförmchen*

1 Den Backofen auf 180 °C (Umluft 160 °C) vorheizen. Die Vertiefungen im Muffinblech einfetten und mit Mehl bestäuben oder Papier-Backförmchen hineinsetzen.

2 Weizen und Dinkel fein mahlen. Die Mandeln, die Kirschen sowie das Backpulver und das Natron dazugeben und alles sorgfältig mischen.

3 In einer großen Schüssel das Ei leicht verquirlen. Dann den Zucker, Butter oder Öl und Kefir oder Buttermilch zugeben und alles kurz verrühren. Die Mehlmischung zur Eiermasse geben und nur so lange rühren, bis die trockenen Zutaten feucht sind. Den Teig in die Muffinblech-Vertiefungen füllen.

4 Für die Streusel den Weizen fein mahlen, mit den Mandeln, dem Zucker, der Butter und dem Zimt zu einem krümeligen Teig verreiben. Die Muffins mit den Streuseln bestreuen und im heißen Backofen auf der mittleren Schiene 20–25 Minuten backen.

5 Die fertigen Muffins aus dem Backofen nehmen, in der Form 5–10 Minuten ruhen lassen, dann aus der Form lösen und nach Belieben noch warm servieren.

Variante

Geben Sie vor dem Backen 1 TL Diät-Kirschmarmelade als Füllung in jeden Muffin.

Dattel-Feigen-Muffins (Abb. Seite 35)

für den Teig:

- 1 *unbehandelte Orange*
- je 75 g *getrocknete Datteln und Feigen, in kleine Stücke geschnitten*
- 90 g *Weizen- oder Haferkleie*
- 300 ml *Milch*
- 150 g *Weizen*
- 100 g *Hafer*
- 3 TL *Weinstein-Backpulver*
- 1 *Ei*
- 120 g *flüssiger Honig*
- 80 ml *Pflanzenöl*
- 150 g *Vollrohrzucker oder Ur-Süße*
- 2–3 EL *Zitronensaft*
- 12 *halbe oder*
- 3–4 EL *gehackte Walnusskerne*

zum Verzieren:

- 4 EL *weiche Butter*
- 50 g *Honig*
- ¼ TL *Zimtpulver*
- *Orangenschalen-Streifchen (nach Belieben)*

für die Backform:

- *Fett und Mehl* **oder**
- 12 *Papier-Backförmchen*

1 Den Backofen auf 180 °C (Umluft 160 °C) vorheizen. Die Vertiefungen im Muffinblech einfetten und mit Mehl bestäuben oder das Blech in den Gefrierschrank stellen. Alternativ Papier-Backförmchen hineinsetzen.

2 Die Orange heiß abwaschen und trockenreiben. Die Hälfte der Orangenschale fein abreiben, die andere Hälfte nach Belieben mit einem Zestenreißer abziehen und zum Verzieren beiseite stellen. Die Orange halbieren und den Saft einer Hälfte auspressen (etwa 100 ml). Die Dattel- und Feigenstückchen in heißem Wasser ca. 10 Minuten einweichen. Die Kleie in der Milch quellen lassen.

3 Weizen und Hafer fein mahlen. Dann das Mehl mit den eingeweichten und abgetropften Datteln und Feigen, der Orangenschale und dem Backpulver sorgfältig vermischen.

4 In einer zweiten Schüssel das Ei leicht verquirlen. Den Honig, das Öl, den Fruchtsaft und die Kleie-Milch-Masse hinzufügen und gut miteinander verrühren. Die Mehlmischung zur Eiermasse geben und nur so lange rühren, bis die trockenen Zutaten feucht sind.

5 Den Teig in die Muffinblech-Vertiefungen füllen. Die Muffins im heißen Backofen auf der mittleren Schiene 20–25 Minuten backen.

6 Die fertigen Muffins aus dem Backofen nehmen, in der Form 5–10 Minuten ruhen lassen, dann aus der Form lösen und auf einem Kuchengitter leicht abkühlen lassen.

7 Für die Glasur Butter mit Honig und Zimt zu einer glatten Creme verrühren. Diese gleichmäßig auf die Muffins streichen. Nach Belieben mit feinen Orangenschalenstreifchen verzieren.

Variante

Selbstverständlich können Sie Datteln und Feigen durch andere Trockenobstsorten ersetzen.

Himbeer-Haferflocken-Muffins

für den Teig:

- *150 g Weizen*
- *100 g Vollkorn-Haferflocken*
- *70 g gehackte Mandeln*
- *½ TL Zimtpulver*
- *3 TL Weinstein-Backpulver*
- *½ TL Natron*
- *200 g Himbeeren*
- *1 Ei*
- *120 g Vollrohrzucker oder Ur-Süße*
- *2 Msp. Bourbon-Vanille*
- *80 ml Pflanzennöl*
- *300 g Jogurt*

zum Bestreuen:

- *½ TL Zimtpulver*
- *3 EL Vollrohrzucker oder Ur-Süße*
- *50 g gehackte Mandeln oder Mandelblättchen*

für die Backform:

- *Fett und Mehl* oder
- 12 *Papier-Backförmchen*

1 Den Backofen auf 180 °C (Umluft 160 °C) vorheizen. Die Vertiefungen im Muffinblech einfetten und mit Mehl bestäuben oder Papier-Backförmchen hineinsetzen.

2 Den Weizen fein mahlen. Die Haferflocken, den Zimt sowie Backpulver und Natron zum Weizenmehl geben und alles mischen. Die Beeren vorsichtig unterheben.

3 In einer großen Schüssel das Ei leicht verquirlen. Dann den Zucker, die Vanille, das Öl und den Jogurt hinzufügen und alles kurz verrühren. Die Mehlmischung zur Eiermasse geben und nur so lange rühren, bis die trockenen Zutaten feucht sind.

4 Den Teig in die Muffinblech-Vertiefungen füllen. Zimt, Zucker und Mandeln mischen und auf den Teig streuen. Die Muffins im heißen Backofen auf der mittleren Schiene 20–25 Minuten backen.

5 Die fertigen Muffins aus dem Backofen nehmen, in der Form 5–10 Minuten ruhen lassen, dann aus der Form lösen und nach Belieben warm servieren!

Klassische Weinbeeren-Kleie-Muffins

für den Teig:

100 g Weinbeeren oder Rosinen
100 g Weizenkleie
300 g Buttermilch
150 g Weizen
3 TL Weinstein-Backpulver
½ TL Natron
1 Ei
100 g Melasse (Zuckerrübensirup) oder
120 g flüssiger Honig
80 ml Pflanzenöl
2 Msp. Bourbon-Vanille

für die Backform:

Fett und Mehl **oder**
12 *Papier-Backförmchen*

1 Den Backofen auf 180 °C (Umluft 160 °C) vorheizen. Die Vertiefungen im Muffinblech einfetten und mit Mehl bestäuben oder Papier-Backförmchen hineinsetzen.

2 Die Weinbeeren ca. 10 Minuten in heißem Wasser einweichen. In einer kleinen Schüssel die Weizenkleie in der Buttermilch einweichen und ebenfalls 10 Minuten quellen lassen.

3 Den Weizen fein mahlen. Die Weinbeeren abtropfen lassen. Das Weizenmehl mit den Weinbeeren, dem Backpulver und Natron sorgfältig mischen.

4 In einer großen Schüssel das Ei leicht verquirlen. Dann Honig, Öl, Vanille und Kleie hinzufügen und alles kurz verrühren. Die Mehlmischung zur Eiermasse geben und nur so lange rühren, bis die trockenen Zutaten feucht sind.

5 Den Teig in die Muffinblech-Vertiefungen füllen. Die Muffins im heißen Backofen auf der mittleren Schiene 20–25 Minuten backen.

6 Die fertigen Muffins aus dem Backofen nehmen, in der Form 5–10 Minuten ruhen lassen, dann aus der Form lösen und nach Belieben noch warm servieren.

Variante

Anstelle der Weizenkleie können Sie auch Haferkleie verwenden.

Zwetschgen-Walnuss-Muffins

für den Teig:

125 g Weizen
125 g Dinkel
200 g Zwetschgen, entsteint und in kleine Stücke geschnitten
70 g gehackte Walnusskerne
½ TL Zimtpulver
3 TL Weinstein-Backpulver
½ TL Natron
1 Ei
120 g Akazienhonig oder Obstdicksaft
80 ml Walnuss- oder Pflanzenöl
300 g Buttermilch oder Jogurt oder Diät-Zwetschgen-jogurt

zum Belegen oder Bestreuen:

½ TL Zimt
2 EL Zucker
12 halbe Walnusskerne (nach Belieben)

für die Backform:

Fett und Mehl **oder**
12 *Papier-Backförmchen*

1 Den Backofen auf 180 °C (Umluft 160 °C) vorheizen. Die Vertiefungen im Muffinblech einfetten und mit Mehl bestäuben oder Papier-Backförmchen hineinsetzen.

2 Weizen und Dinkel fein mahlen. Die Zwetschgenstückchen, die Walnüsse, Zimt, Backpulver und Natron hinzufügen und alles sorgfältig mischen.

3 In einer großen Schüssel das Ei leicht verquirlen. Dann Honig oder Dicksaft, Öl und Buttermilch oder Jogurt dazugeben und alles gut miteinander verrühren. Die Mehlmischung zur Eiermasse geben und nur so lange rühren, bis die trockenen Zutaten feucht sind.

4 Den Teig in die Muffinblech-Vertiefungen füllen. Zimt und Zucker mischen und auf den Teig streuen. Je eine Walnusshälfte in die Mitte setzen.
Die Muffins im heißen Backofen auf der mittleren Schiene 20–25 Minuten backen.

5 Die fertigen Muffins aus dem Backofen nehmen, in der Form 5–10 Minuten ruhen lassen, dann aus der Form lösen und auf Wunsch noch warm servieren.

Varianten

Wenn keine Kinder mitessen, können Sie die Muffins mit je ½ TL Zwetschgenwasser beträufeln. Anstelle der frischen Zwetschgen schmecken auch Dörrzwetschgen oder getrocknete Aprikosen, die Sie zuvor in heißem Wasser eingeweicht haben.

Rezept von Seite 30, Dattel-Feigen-Muffins

Süß gefüllte Muffins

Heidelbeer-Vanillecreme-Muffins

für den Teig:

150 g Weizen
100 g Quinoa
3 TL Weinstein-Backpulver
½ TL Natron
200 g Heidelbeeren
1 Ei
120 g Honig
2 Msp. Bourbon-Vanille
125 g weiche Butter oder
80 ml Pflanzenöl
300 g Buttermilch

für die Füllung:

150 ml kalte Milch
1 Pck. Vanille-Puddingpulver (mit Bourbon-Vanille)
1 ½ EL Butter
2 EL Honig

für die Backform:

Fett und Mehl **oder**
12 *Papier-Backförmchen*

1 Den Backofen auf 180 °C (Umluft 160 °C) vorheizen. Die Vertiefungen im Muffinblech einfetten und mit Mehl bestäuben oder Papier-Backförmchen hineinsetzen.

2 Für die Füllung 3 EL Milch mit dem Puddingpulver verrühren. Die restliche Milch in einem Topf aufkochen lassen, dann die Puddingmilch unterrühren. Die Butter und den Honig hinzufügen. Die Puddingcreme beiseite stellen und leicht abkühlen lassen.

3 Weizen und Quinoa fein mahlen. Das Backpulver und das Natron hinzufügen und alles sorgfältig vermischen. Die Heidelbeeren vorsichtig unterheben!

4 In einer großen Schüssel das Ei leicht verquirlen. Dann den Honig, die Vanille, die Butter oder das Öl und die Buttermilch dazugeben und alles kurz verrühren. Die Mehlmischung zur Eiermasse geben und nur so lange rühren, bis die trockenen Zutaten feucht sind.

5 Die Hälfte des Teigs in die Muffinblech-Vertiefungen füllen. Dann je 1 TL der Vanillecreme darauf geben und mit dem restlichen Teig auffüllen. Die Muffins im heißen Backofen auf der mittleren Schiene 20–25 Minuten backen.

6 Die fertigen Muffins aus dem Backofen nehmen, in der Form 5–10 Minuten ruhen lassen, dann aus der Form lösen und auf Wunsch noch warm servieren.

Mandarinen-Muffins mit Kokosfüllung

für den Teig:

175 g Mandarinenfilets, in kleine Stücke geschnitten
225 g Weizen
50 g Kokosflocken oder -raspel
3 TL Backpulver
½ TL Natron
1 Ei
125 g Vollrohrzucker oder Ur-Süße
125 g Butter oder
80 ml Pflanzenöl
150 ml Mandarinensaft (frisch gepresst)
300 g Buttermilch

für die Füllung:

60 g Kokosflocken
1 EL Vollrohrzucker oder Ur-Süße
1 EL flüssige Butter
60 ml Mandarinensaft (Auffangflüssigkeit oder frisch gepresst)

für den Belag:

60 g Butter
30 g Vollrohrzucker oder Ur-Süße
50 g Kokosflocken oder -raspel

für die Backform:

Fett und Mehl **oder**
12 *Papier-Backförmchen*

1 Den Backofen auf 190 °C (Umluft 170 °C) vorheizen. Die Vertiefungen im Muffinblech einfetten und mit Mehl bestäuben oder Papier-Backförmchen hineinsetzen.

2 Für den Teig den Weizen fein mahlen, Kokosflocken, Backpulver und Natron dazugeben und sorgfältig vermischen. Die Mandarinenfilets in kleine Stücke schneiden, den Saft, der dabei entsteht, auffangen.

3 Für die Füllung die Kokosflocken mit dem Zucker mischen. Die Butter und den aufgefangenen Mandarinensaft unterrühren.

4 Für den Teig in einer großen Schüssel das Ei leicht verquirlen. Dann Zucker, Butter oder Öl, Mandarinensaft und Buttermilch hinzufügen und alles gut miteinander verrühren. Die Mehlmischung zur Eiermasse geben und nur so lange rühren, bis die trockenen Zutaten feucht sind.

5 Die Hälfte des Teigs in die Muffinblech-Vertiefungen füllen. Dann 1 TL der Füllung darauf geben und den restlichen Teig darauf verteilen.

6 Für den Belag die Butter zerlassen und mit dem Zucker und den Kokosflocken verrühren. Je 1 Teelöffel des Kokosbelags zum Abschluss auf die Muffins geben. Die Muffins im heißen Backofen auf der mittleren Schiene 20–25 Minuten backen.

7 Die fertigen Muffins aus dem Backofen nehmen, in der Form 5–10 Minuten ruhen lassen, dann aus der Form lösen und nach Belieben noch warm servieren.

Variante

Ersetzen Sie die Hälfte der Buttermilch durch Kokosmilch. Dazu passen dann exotische Früchte wie beispielsweise Ananas oder Litchis.

Erdbeer-Rhabarber-Muffins

für den Teig:

- *150 g Weizen*
- *125 g Dinkel*
- *je 100 g Erdbeeren und Rhabarber, in kleine Stückchen geschnitten*
- *3 TL Weinstein-Backpulver*
- *½ TL Natron*
- *1 Ei*
- *120 g Vollrohrzucker oder Ur-Süße*
- *1 Pck. Bourbon-Vanillezucker*
- *80 ml Pflanzenöl*
- *150 g Jogurt oder saure Sahne*
- *150 g Schlagsahne oder Milch*

für die Füllung:

- *150 g Frischkäse*
- *1 Pck. Bourbon-Vanillezucker*

zum Verzieren:

- *150 g Frischkäse*
- *1 ½ EL Schlagsahne oder Milch*
- *1 Pck. Bourbon-Vanillezucker*
- *6–12 schöne Erdbeeren, halbiert*

für die Backform:

- *Fett und Mehl* **oder**
- **12** *Papier-Backförmchen*

1 Den Backofen auf 180 °C (Umluft 160 °C) vorheizen. Die Vertiefungen im Muffinblech einfetten und mit Mehl bestäuben oder Papier-Backförmchen hineinsetzen.

2 Für die Füllung den Frischkäse mit dem Vanillezucker verrühren.

3 Weizen und Dinkel fein mahlen, dann mit den Erdbeer- und Rhabarberstückchen sowie dem Backpulver und dem Natron sorgfältig vermischen.

4 In einer großen Schüssel das Ei leicht verquirlen. Dann Zucker, Vanillezucker, Öl, Jogurt oder saure Sahne und Sahne oder Milch zugeben und alles kurz verrühren. Die Mehlmischung mit der Eiermasse verrühren, bis die trockenen Zutaten feucht sind.

5 Die Hälfte des Teiges in die Muffinblech-Vertiefungen füllen. Dann je 1 TL der Füllung auf den Teig geben und mit dem restlichen Teig auffüllen. Die Muffins im heißen Backofen auf der mittleren Schiene 20–25 Minuten backen.

6 Die fertigen Muffins aus dem Backofen nehmen, in der Form 5–10 Minuten ruhen lassen, dann aus der Form lösen und auf einem Kuchengitter gut abkühlen lassen.

7 Für die Creme den Frischkäse mit der Sahne oder Milch und dem Vanillezucker glatt rühren. Die Muffins damit bestreichen, dann je 1 Erdbeerhälfte darauf legen.

Variante

Sie können die Frischkäse-Füllung durch je 1 TL Diät-Erdbeermarmelade oder je 1 TL frisch pürierte Erdbeeren ersetzen.

Tiramisu-Muffins

für den Teig:

175 g Weizen
100 g Dinkel
80 g Tiramisu-Schokoriegel (mit Bienenhonig), grob gehackt
3 TL Weinstein-Backpulver
½ TL Natron
1 Ei
120 g flüssiger Honig
80 ml Pflanzenöl
200 g Buttermilch
200 g Mascarpone

zum Tränken:

3–4 EL starker Kaffee (Espresso oder Mokka)
3–4 EL Amaretto oder Orangensaft

für die Creme:

150 g Mascarpone
1–2 EL flüssiger Honig
Kakao- oder Carobpulver

für die Backform:

Fett und Mehl **oder**
12 *Papier-Backförmchen*

1 Den Backofen auf 180 °C (Umluft 160 °C) vorheizen. Die Vertiefungen im Muffinblech einfetten und mit Mehl bestäuben oder Papier-Backförmchen hineinsetzen.

2 Weizen und Dinkel fein mahlen. Die Tiramisu-Schokoriegelstückchen, Backpulver und Natron hinzufügen und alles sorgfältig miteinander vermischen.

3 In einer großen Schüssel das Ei leicht verquirlen. Dann den Honig, das Öl und die Buttermilch dazugeben und alles gut miteinander verrühren. Die Mehlmischung zur Eiermasse geben und nur so lange rühren, bis die trockenen Zutaten feucht sind.

4 Den Teig in die Muffinblech-Vertiefungen füllen. Die Muffins im heißen Backofen auf der mittleren Schiene 20–25 Minuten backen.

5 Die fertigen Muffins aus dem Backofen nehmen, in der Form 5–10 Minuten ruhen lassen, dann aus der Form lösen und auf einem Kuchengitter nur leicht abkühlen lassen. Die warmen Muffins quer halbieren. Die beiden Hälften mit einem Zahnstocher mehrmals einstechen, die obere mit je 1 TL Kaffee, die untere mit je 1 TL Amaretto oder Saft tränken.

6 Für die Creme den Mascarpone mit dem Honig glatt rühren. Die Masse in eine Spritztülle füllen. Die Muffins damit füllen und mit Kakao oder Carob bestäuben – fertig sind die kleinen Tiramisu-Muffin-Törtchen. Viva Italia – buon appetito!

TIPP:

Sie können die Mascarponecreme mit ½ TL Biobin binden, dann erhält sie mehr Festigkeit.

Variante

Probieren Sie auch einmal andere Schoko-Riegel, wie z. B. Mousse au Chocolat. Als Glasur eignet sich dann Zartbitterkuvertüre (mit Roh-Rohrzucker).

Ahornsirup-Muffins

für den Teig:

250 g Weizen
50 g Amarant
½ TL Zimtpulver
3 TL Weinstein-Backpulver
½ TL Natron
1 Ei
120 ml Ahornsirup
80 ml Pflanzenöl
300 g Kefir oder Jogurt

für die Füllung:

80 g gehackte Walnusskerne
60 ml Ahornsirup

zum Verzieren:

75 g flüssiger Honig
50 g Ahornsirup
1 EL Butter
12 halbe oder
4 EL gehackte Walnusskerne

für die Backform:

Fett und Mehl **oder**
12 *Papier-Backförmchen*

1 Den Backofen auf 180 °C (Umluft 160 °C) vorheizen. Die Vertiefungen im Muffinblech einfetten und mit Mehl bestäuben oder Papier-Backförmchen hineinsetzen.

2 Für die Füllung die Nüsse mit dem Ahornsirup verrühren.

3 Den Weizen fein mahlen. Dann Amarant, Zimt, Backpulver und Natron hinzufügen und sorgfältig vermischen.

4 In einer großen Schüssel das Ei leicht verquirlen. Dann Ahornsirup, Öl und Kefir oder Jogurt dazugeben und kurz verrühren. Die Mehlmischung zur Eiermasse geben und nur so lange rühren, bis die trockenen Zutaten feucht sind.

5 Die Hälfte des Teigs in die Muffinblech-Vertiefungen füllen. Dann je 1 TL der Füllung darauf geben und mit den restlichen Teig darauf verteilen. Die Muffins im heißen Backofen auf der mittleren Schiene 20–25 Minuten backen.

6 Die fertigen Muffins aus dem Backofen nehmen, in der Form 5–10 Minuten ruhen lassen, dann aus der Form lösen und auf einem Kuchengitter abkühlen lassen.

7 Den Honig mit dem Ahornsirup und der Butter in einem kleinen Topf kurz aufkochen, dann abkühlen lassen. Die Muffins darin eintauchen und mit je 1 Walnusshälfte verzieren oder mit gehackten Walnusskernen bestreuen.

TIPP:

Wenn's schnell gehen soll, lassen Sie den Guss einfach weg und belegen die Muffins vor dem Backen mit den Walnüssen.

Rezept von Seite 26, Zucchini-Zitronen-Muffins

Orangen-Ananas-Muffins

für den Teig:

- *175 g Weizen*
- *100 g Quinoa*
- *½ TL abgeriebene Schale einer unbehandelten Orange*
- *3 TL Weinstein-Backpulver*
- *½ TL Natron*
- *1 Ei*
- *120 g Vollrohrzucker oder Ur-Süße*
- *80 ml Pflanzenöl oder*
- *125 g weiche Butter*
- *100 ml Orangensaft, frisch gepresst*
- *200 g saure Sahne*
- *175 g Ananas, in Stückchen geschnitten*

für die Füllung:

- *150 g Frischkäse*
- *½ TL abgeriebene Schale einer unbehandelten Orange*
- *1 EL Orangensaft*
- *2 EL Vollrohrzucker oder Ur-Süße*

zum Verzieren:

- *200 g Schlagsahne*
- *1 ½ EL Vollrohrzucker oder Ur-Süße*
- *1 EL Ananassaft (wahlweise)*
- *12–24 Ananasstückchen*

für die Backform:

- *Fett und Mehl* **oder**
- 12 *Papier-Backförmchen*

1 Den Backofen auf 180 °C (Umluft 160 °C) vorheizen. Die Vertiefungen im Muffinblech einfetten und mit Mehl bestäuben oder Papier-Backförmchen hineinsetzen.

2 Für die Füllung den Frischkäse mit dem Orangensaft und dem Zucker oder der Ur-Süße zu einer glatten Creme verrühren.

3 Den Weizen fein mahlen. Dann Quinoa, Orangenschale, Backpulver und Natron hinzufügen und alles sorgfältig vermischen.

4 In einer großen Schüssel das Ei leicht verquirlen. Dann den Zucker, das Öl, den Saft, die saure Sahne und die Ananasstückchen dazugeben und alles gut miteinander verrühren. Die Mehlmischung zur Eiermasse geben und nur so lange rühren, bis die trockenen Zutaten feucht sind.

5 Die Hälfte des Teigs in die Muffinblech-Vertiefungen füllen. Dann je 1 TL Füllung darauf geben und mit dem restlichen Teig auffüllen. Die Muffins im heißen Backofen auf der mittleren Schiene 20–25 Minuten backen.

6 Die fertigen Muffins aus dem Backofen nehmen, in der Form 5–10 Minuten ruhen lassen, dann aus der Form lösen und auf einem Kuchengitter abkühlen lassen.

7 Die Schlagsahne sehr steif schlagen. Nach Belieben Zucker und Ananassaft unterrühren. Die Sahne in einen Spritzbeutel mit Sterntülle füllen und die Sahne dekorativ auf die Muffins spritzen. Mit je 1 oder 2 Ananasstückchen verzieren.

Variante

Für die Füllung 100 g Frischkäse mit 2 EL Orangenmarmelade verrühren.

Nuss- oder Schokoladen-Muffins

Kinderkeks-Muffins

für den Teig:

- *150 g Kinderkekse (z. B. Zootiere; mit Roh-Rohrzucker)*
- *150 g Weizen oder Dinkel*
- *80 g Schokolade, gehackt (mit Roh-Rohrzucker oder Honigschokolade)*
- *3 TL Weinstein-Backpulver*
- *½ TL Natron*
- *1 Ei*
- *120 g Vollrohrzucker oder Ur-Süße*
- *80 ml Pflanzenöl*
- *300 g Kefir oder Buttermilch*

für den Guss:

- *150 g gehackte Honigschokolade oder Vollmilchkuvertüre (mit Roh-Rohrzucker)*

für die Backform:

- *Fett und Mehl* **oder**
- **12** *Papier-Backförmchen*

1. Den Backofen auf 180 °C (Umluft 160 °C) vorheizen. Die Vertiefungen im Muffinblech einfetten und mit Mehl bestäuben oder Papier-Backförmchen hineinsetzen.

2. 12 ganze Kekse für die Verzierung beiseite legen. Die restlichen Kekse in einen Gefrierbeutel füllen, diesen verschließen und mit einem Nudelholz mehrmals darüber rollen, bis die Kekse fein zerbröselt sind.

3. Weizen oder Dinkel fein mahlen. Das Mehl mit den Keksbröseln, den Schokostückchen, dem Backpulver und Natron sorgfältig vermischen.

4. In einer großen Schüssel das Ei leicht verquirlen. Dann den Zucker, das Öl und den Kefir oder die Buttermilch hinzufügen und alles kurz miteinander verrühren. Die Mehlmischung zur Eiermasse geben und nur so lange rühren, bis die trockenen Zutaten feucht sind.

5. Den Teig in die Muffinblech-Vertiefungen füllen. Die Muffins im heißen Backofen auf der mittleren Schiene 20–25 Minuten backen.

6. Die fertigen Muffins aus dem Backofen nehmen, in der Form 5–10 Minuten ruhen lassen, dann aus der Form lösen und auf einem Kuchengitter gut abkühlen lassen.

7. Die Schokolade oder Kuvertüre im heißen Wasserbad schmelzen lassen. Die Muffins einzeln darin eintauchen, leicht abtropfen und mit je 1 von den beiseite gelegten Keksen verzieren. Jetzt kann die Kinderfete steigen!

Bananen-Schoko-Muffins

für den Teig:

- *250 g Weizen oder Dinkel*
- *80 g Schokolade (mit Roh-Rohrzucker) oder Honigschokolade, gehackt*
- *2 EL Carob- oder Kakaopulver*
- *3 TL Weinstein-Backpulver*
- *½ TL Natron*
- *1 Ei*
- *2 mittelgroße Bananen*
- *120 g flüssiger Honig*
- *80 ml Pflanzenöl*
- *300 g saure Sahne*

zum Verzieren:

- *150 g Vollmilchkuvertüre (mit Roh-Rohrzucker) oder Honigschokolade, gehackt*
- *Honig-Gummibärchen*

für die Backform:

- *Fett und Mehl* **oder**
- **12** *Papier-Backförmchen*

1 Den Backofen auf 180 °C (Umluft 160 °C) vorheizen. Die Vertiefungen im Muffinblech einfetten und mit Mehl bestäuben oder Papier-Backförmchen hineinsetzen.

2 Weizen oder Dinkel fein mahlen. Die Schokostückchen zusammen mit dem Carob oder Kakao, Backpulver und Natron zum Mehl geben und alles sorgfältig mischen.

3 In einer zweiten, großen Schüssel das Ei leicht verquirlen. Die Bananen mit einer Gabel zerdrücken und zum Ei geben. Dann den Honig, das Öl und die saure Sahne dazugeben und alles kurz verrühren. Die Mehlmischung zur Eiermasse geben und nur so lange rühren, bis die trockenen Zutaten feucht sind.

4 Den Teig in die Muffinblech-Vertiefungen füllen. Die Muffins im heißen Backofen auf der mittleren Schiene 20–25 Minuten backen.

5 Die fertigen Muffins aus dem Backofen nehmen, in der Form 5–10 Minuten ruhen lassen, dann aus der Form lösen und auf einen Kuchengitter gut abkühlen lassen.

6 Im heißen Wasserbad Kuvertüre oder Schokolade schmelzen lassen. Die Muffins einzeln darin eintauchen und leicht abtropfen lassen, dann nach Belieben mit Gummibärchen verzieren.

TIPP:

Die Kombination von Bananen und Schokolade macht diese Muffins zum Renner auf jeder Kinder-Geburtstagsparty!

Variante

Statt der Schokoglasur sieht auch eine Verzierung aus Schokosahne hübsch aus. Dafür 200 g Sahne mit 100 g Schokolade (mit Roh-Rohrzucker) erwarmen (nicht kochen lassen), bis die Schokolade geschmolzen ist. Die Sahne 2 Stunden kalt stellen. Die gut gekühlte Schokosahne steif schlagen, in einen Spritzbeutel mit Sterntülle füllen und die Muffins damit verzieren.

Schneller geht's, wenn Sie 200 g Sahne steif schlagen, auf die Muffins spritzen und etwas Schokosauce darüber laufen lassen.

Cappuccino-Muffins

für den Teig:

- *250 g Weizen*
- *100 g Cappuccino-Schokolade, gehackt (mit Roh-Rohrzucker) oder*
- *100 g Cappuccino-Riegel, gehackt*
- *3 TL Weinstein-Backpulver*
- *½ TL Natron*
- *1 Ei*
- *120 g Vollrohrzucker oder Ur-Süße*
- *80 ml Pflanzenöl*
- *300 g Buttermilch*
- *100 ml starker Kaffee (Mokka oder Espresso)*

zum Verzieren:

- *200 g Schlagsahne*
- *1–2 EL Vollrohrzucker oder Ur-Süße (nach Belieben)*
- *Kakao- oder Carobpulver*
- *12 Stückchen Cappuccino-Schokolade (nach Belieben)*

für die Backform:

- *Fett und Mehl* **oder**
- **12** *Papier-Backförmchen*

1 Den Backofen auf 180 °C (Umluft 160 °C) vorheizen. Die Vertiefungen im Muffinblech einfetten und mit Mehl bestäuben oder Papier-Backförmchen hineinsetzen.

2 Den Weizen fein mahlen. Die Schokostückchen sowie das Backpulver und Natron zum Mehl dazugeben und sorgfältig vermischen.

3 In einer großen Schüssel das Ei leicht verquirlen. Dann den Zucker, das Öl und die Buttermilch hinzufügen und alles gut miteinander verrühren. Die Mehlmischung zur Eiermasse geben und nur so lange rühren, bis die trockenen Zutaten feucht sind.

4 Den Teig in die Muffinblech-Vertiefungen füllen. Die Muffins im heißen Backofen auf der mittleren Schiene 20–25 Minuten backen.

5 Die fertigen Muffins aus dem Backofen nehmen, in der Form 5–10 Minuten ruhen lassen, dann aus der Form lösen und auf einem Kuchengitter abkühlen lassen.

6 Die Schlagsahne sehr steif schlagen, nach Belieben den Zucker unterrühren. Je 1 EL Schlagsahne auf die Muffins geben, mit Kakao oder Carob bestäuben und 1 Stückchen Schokolade darauf setzen. Dazu schmeckt eine Tasse frisch zubereiteter Cappuccino – viva Italia!

Variante

Anstelle der Cappuccino-Schokolade können Sie auch andere Schokoladensorten verwenden, z. B. Praliné-Schokolade (mit Roh-Rohrzucker) oder Ihre Lieblings-Diät-Schokolade.

Haselnuss-Muffins

für den Teig:

- *125 g Weizen*
- *150 g Dinkel*
- *75 g Haselmark, gehackt (wahlweise)*
- *80 g gehackte Haselnüsse*
- *3 TL Weinstein-Backpulver*
- *½ TL Natron*
- *1 Ei*
- *120 g Akazienhonig*
- *80 ml Pflanzenöl*
- *100 g Nussnougatcreme (mit Roh-Rohrzucker)*
- *320 g Buttermilch*

zum Verzieren:

- *150 g gehackte Honigschokolade, Vollmilchkuvertüre (mit Roh-Rohrzucker) oder Nussnougatmasse (mit Roh-Rorzucker)*
- *75 g Haselmark, in 12 Stückchen geschnitten*

für die Backform:

- *Fett und Mehl* **oder**
- 12 *Papier-Backförmchen*

1 Den Backofen auf 180 °C (Umluft 160 °C) vorheizen. Die Vertiefungen im Muffinblech einfetten und mit Mehl bestäuben oder Papier-Backförmchen hineinsetzen.

2 Weizen und Dinkel fein mahlen. Gehacktes Haselmark (nach Belieben), gehackte Nüsse, Backpulver und Natron zum Mehl geben und alles sorgfältig mischen.

3 In einer großen Schüssel das Ei leicht verquirlen. Dann den Honig, das Öl, die Nussnougatcreme und die Buttermilch dazugeben und alles gut miteinander verrühren. Die Mehlmischung zur Eiermasse geben und nur so lange rühren, bis die trockenen Zutaten feucht sind.

4 Den Teig in die Muffinblech-Vertiefungen füllen. Die Muffins im heißen Backofen bei 180 °C (Umluft 160 °C) in der Mitte 20–25 Minuten backen.

5 Die fertigen Muffins aus dem Backofen nehmen, in der Form 5–10 Minuten ruhen lassen, dann aus der Form lösen und auf einem Kuchengitter abkühlen lassen.

6 Für die Glasur die Schokolade oder das Nougat im heißen Wasserbad schmelzen lassen. Die Muffins einzeln darin eintauchen. Die Glasur leicht antrocknen lassen, dann die Muffins mit den Haselmarkstückchen verzieren.

Mandelcreme-Muffins

für den Teig:

175 g Weizen
100 g Amarant
60 g gehackte, geschälte Mandeln
2 ½ TL Weinstein-Backpulver
½ TL Natron
1 Ei
100 g Vollrohrzucker oder Ur-Süße
80 ml Pflanzenöl
*3 EL Mandelmus**
275 g Buttermilch

für die Füllung:

100 g Frischkäse
1 EL Sahne
2 EL Mandelmus
2 EL flüssiger Honig

zum Verzieren:

100 g Frischkäse
2 EL Mandelmus
2 EL Vollrohrzucker oder Ur-Süße
4 EL gehackte, geschälte Mandeln

für die Backform:

Fett und Mehl **oder**
12 *Papier-Backförmchen*

** als Variante können Sie das Mandelmus durch Nussmus oder Erdnussbutter ersetzen.*

1 Den Backofen auf 180 °C (Umluft 160 °C) vorheizen. Die Vertiefungen im Muffinblech einfetten und mit Mehl bestäuben oder Papier-Backförmchen hineinsetzen.

2 Für die Füllung den Frischkäse mit der Sahne, dem Mandelmus und dem Honig zu einer glatten Creme verrühren.

3 Den Weizen und Amarant fein mahlen. Die beiden Mehlsorten mit den gehackten Mandeln, dem Backpulver sowie dem Natron sorgfältig vermischen.

4 In einer großen Schüssel das Ei leicht verquirlen. Dann den Zucker, das Öl, das Mandelmus und die Buttermilch hinzufügen und alles kurz miteinander verrühren. Die Mehlmischung zur Eiermasse geben und nur so lange rühren, bis die trockenen Zutaten feucht sind.

5 Die Hälfte des Teigs in die Muffinblech-Vertiefungen füllen. Dann je 1 TL der Füllung darauf geben und den restlichen Teig darüber verteilen. Die Muffins im heißen Backofen auf der mittleren Schiene 20–25 Minuten backen.

6 Die fertigen Muffins aus dem Backofen nehmen, in der Form 5–10 Minuten ruhen lassen, dann aus der Form lösen und auf einem Kuchengitter gut abkühlen lassen.

7 Zum Verzieren den Frischkäse mit dem Mandelmus und dem Zucker zu einer glatten Creme rühren, diese gleichmäßig auf die Muffins streichen und mit den Mandeln bestreuen.

Müsli-Muffins

für den Teig:

150 g Sonnenblumenkerne
2 EL Akazienhonig
2 EL Schlagsahne
1 EL Butter
225 g Weizen
50 g Gerste- und Getreideflocken
je 2 EL Lein- und Sesamsamen
60 g gehackte Nüsse (z. B. Hasel- oder Walnusskerne)
3 TL Weinstein-Backpulver
½ TL Natron
1 Ei
120 g Akazienhonig oder
75 g Apfel- oder Birnendicksaft
80 ml Pflanzen- oder Rapsöl
150 g Schlagsahne
150 g Kefir oder Jogurt

für die Backform:

Fett und Mehl **oder**
12 *Papier-Backförmchen*

1 Den Backofen auf 180 °C (Umluft 160 °C) vorheizen. Die Muffinblech- Vertiefungen einfetten und mit Mehl bestäuben oder Papier-Backförmchen hineinsetzen.

2 In einer trockenen Pfanne die Sonnenblumenkerne kurz anbräunen. Für den Teig etwa 50 g der Sonnenblumenkerne abnehmen und beiseite stellen. Für den Belag die restlichen Sonnenblumenkerne mit Honig, Sahne und Butter in der Pfanne verrühren. Die Masse kurz aufkochen, danach leicht abkuhlen lassen.

3 Den Weizen fein mahlen. Dann Flocken, Samen, Nüsse, Backpulver und Natron zum Mehl geben und alles sorgfältig vermischen.

4 In einer großen Schüssel das Ei leicht verquirlen. Den Dicksaft oder Honig, das Öl und die Sahne, den Kefir oder Jogurt dazugeben und alles gut miteinander verrühren. Die Mehlmischung zur Eiermasse geben und nur so lange rühren, bis die trockenen Zutaten feucht sind.

5 Den Teig in die Muffinblech-Vertiefungen füllen. Dann die Sonnenblumenkern-Honig-Masse gleichmäßig auf dem Teig verteilen. Die Muffins im heißen Backofen auf der mittleren Schiene 20–25 Minuten backen.

6 Die fertigen Muffins aus dem Backofen nehmen, in der Form 5–10 Minuten ruhen lassen, dann aus der Form lösen und nach Belieben noch warm servieren!

Variante

Lieben Sie es besonders fruchtig, dann können Sie dem Teig noch 150 g Früchte nach Ihrem Geschmack (z. B. Bananen- oder Apfelstückchen usw.) hinzufügen. Auch Trockenobst (bitte vorher in heißem Wasser einweichen) eignet sich hervorragend für diese Müsli-Muffins.

Pikante Muffins

Grundrezept • *für etwa 12 Stück*

für den Teig:

250 g *Weizen oder Getreidemischung (z. B. Dinkel, Gerste, Grünkern)*
100 g *Gemüse der Saison (z. B. Möhren, Erbsen, Zucchini)*
2 ½ EL *frische gehackte Kräuter*
75 g *geriebener Käse (z. B. Emmentaler, Greyerzer)*
100 g *Bratenreste oder Wurst, klein geschnitten*
½ TL *Gewürze Ihrer Wahl (z. B. Paprika, Kümmel usw.)*
½ TL *Kräutersalz*
Pfeffer
1 EL *Gemüsebrühe (Instantpulver)*
3 TL *Weinstein-Backpulver*
½ TL *Natron*
1 *Ei*
80 ml *Pflanzenöl oder*
125 g *weiche Butter*
300 g *Buttermilch, Kefir, Jogurt oder Milch*

zum Bestreuen:

50 g *geriebener Käse*
2 EL *frische gehackte Petersilie*

für die Backform:

Fett und Mehl

1 Den Backofen auf 180 °C (Umluft 160 °C) vorheizen. Die Vertiefungen im Muffinblech einfetten und mit Mehl bestäuben. Keine Papier-Backförmchen verwenden, weil der Teig am Papier kleben bleibt.

2 Den Weizen fein mahlen. Gemüse, Kräuter, Käse und Bratenreste oder Wurst, Gewürze, Backpulver und Natron dazugeben und alles sorgfältig miteinander vermischen.

3 In einer großen Schüssel das Ei leicht verquirlen. Dann das Öl oder die Butter und die Milchprodukte hinzufügen und alles kurz miteinander verrühren. Die Mehlmischung zur Eiermasse geben und nur so lange rühren, bis die trockenen Zutaten feucht sind.

4 Den Teig in die Muffinblech-Vertiefungen füllen und mit dem Käse bestreuen. Die Muffins im heißen Backofen auf der mittleren Schiene 20–25 Minuten backen.

5 Die fertigen Muffins aus dem Backofen nehmen, in der Form 5–10 Minuten ruhen lassen, dann aus der Form lösen, nach Belieben mit frischen gehackten Kräutern bestreuen und stets warm servieren!

Rezept von Seite 66, Pinien-Pilz-Muffin

Varianten

Die Bratenreste durch Fisch oder Meeresfrüchte (z. B. Krabben, Shrimps, Garnelen, Lachs oder Thunfisch) ersetzen. Dann passen als Kräuter Kerbel, Koriander oder Dill. Fischfleisch schneiden Sie in kleine Würfel und braten es kurz in ½ EL Olivenöl an, bevor Sie es unter den Teig mengen.

Vegetarier nehmen statt Fisch, Fleisch oder Wurst 100 g Tofu oder Soja (geräuchert oder natur), die sie klein geschnitten unter den Teig rühren.

Lauch und Frühlingszwiebeln in feine Streifen schneiden und in etwas Olivenöl andünsten; abkühlen lassen, bevor sie unter den Teig gemischt werden.

TIPP:

Herzhafte Muffins sollten immer warm serviert werden. Sie schmecken als Beilage zu allen Gerichten, vor allem aber zu Suppen und Salaten. Auf einem kalt-warmen Büfett sind sie eine tolle Ergänzung.

Brokkoli-Mandel-Muffins

für den Teig:

- *170 g roher Brokkoli*
- *150 g Weizen*
- *100 g Gerste*
- *100 g geriebener Käse (z. B. Greyerzer oder Emmentaler)*
- *60 g gehackte Mandeln*
- *½ EL Gemüsebrühe (Instantpulver)*
- *1 TL Salz*
- *weißer Pfeffer*
- *3 TL Weinstein-Backpulver*
- *½ TL Natron*
- *1 Ei*
- *80 ml Oliven- oder Mandelöl*
- *300 g Buttermilch*

zum Verzieren:

- *3–4 EL gehackte Mandeln oder Mandelblättchen*
- *12 kleine Brokkoliröschen (nach Belieben)*

für die Backform:

- *Fett und Mehl*

1 Den Backofen auf 180 °C (Umluft 160 °C) vorheizen. Die Vertiefungen im Muffinblech einfetten und mit Mehl bestäuben. Bitte keine Papier-Backförmchen hineinsetzen, da der Teig am Papier kleben bleibt.

2 Den Brokkoli waschen und in kleine Röschen teilen. Nach Belieben die Brokkoliröschen in kochendem Salzwasser bissfest garen, das Wasser abgießen, den Brokkoli kalt abschrecken und abtropfen lassen. Den Weizen und die Gerste fein mahlen. Dann Brokkoliröschen, Käse, Mandeln, Gemüsebrühe, Salz und Pfeffer sowie Backpulver und Natron dazugeben und alles sorgfältig miteinander vermischen.

3 In einer großen Schüssel das Ei leicht verquirlen. Dann das Öl und die Buttermilch hinzufügen und alles gut miteinander verrühren. Die Mehlmischung zur Eiermasse geben und nur so lange rühren, bis die trockenen Zutaten feucht sind.

4 Den Teig in die Muffinblech-Vertiefungen füllen und mit den gehackten Mandeln oder den Mandelblättchen bestreuen. Die Muffins im heißen Backofen auf der mittleren Schiene 20–25 Minuten backen.

5 Die fertigen Muffins aus dem Backofen nehmen, in der Form 5–10 Minuten ruhen lassen, dann aus der Form lösen und noch warm servieren. Mit den Brokkoliröschen garnieren.

Variante

Anstelle von Brokkoli können Sie auch Blumenkohl verwenden. Ersetzen Sie dann die Mandeln durch Walnusskerne.

Vegetarische Hamburger Muffins

für den Teig:

125 g Weizen
125 g Grünkern
½ EL Gemüsebrühe (Instantpulver)
1 TL Kräutersalz
100 g geriebener Emmentaler
3 TL Weinstein-Backpulver
½ TL Natron
1 Ei
80 ml Oliven- oder Pflanzenöl
300 g Buttermilch

zum Belegen:

12 große Salatblätter
12 Gemüseburger oder Getreidebratlinge
12 Tomatenscheiben
12 Käsescheiben
Essiggurken, Zwiebelringe, Ketchup (nach Belieben)

für die Backform:

Fett und Mehl

1 Den Backofen auf 190 °C (Umluft 170 °C) vorheizen. Die Vertiefungen im Muffinblech einfetten und mit Mehl bestäuben. Keine Papier-Backförmchen verwenden, da der Teig am Papier kleben bleibt.

2 Weizen und Grünkern fein mahlen. Gemüsebrühe, Kräutersalz, Käse sowie Backpulver und Natron dazugeben und alles gut miteinander vermischen.

3 In einer großen Schüssel das Ei leicht verquirlen. Dann das Öl und die Buttermilch hinzufügen und alles kurz miteinander verrühren. Die Mehlmischung zur Eiermasse geben und nur so lange rühren, bis die trockenen Zutaten feucht sind.

4 Den Teig in die Muffinblech-Vertiefungen füllen. Die Muffins im heißen Backofen auf der mittleren Schiene 20–25 Minuten backen.

5 Die fertigen Muffins aus dem Backofen nehmen, in der Form 5–10 Minuten ruhen lassen, dann aus der Form lösen und leicht abkühlen lassen.

6 Die Muffins mit einem scharfen Messer quer durchschneiden. Zuerst je 1 Salatblatt und 1 Bratling auf das untere Muffinteil legen. Dann jeweils 1 Tomatenscheibe, 1 Käsescheibe, die Essiggurkenscheiben, Zwiebelringe und Ketchup auf die Bratlinge geben. Zuletzt das obere Muffinteil darauf setzen und die Muffins nach Belieben mit amerikanischen Fähnchen verzieren. Die Muffin-Hamburger frisch servieren!

Muffins mit Schafskäse und Basilikum

für den Teig:

- *120 g Schafskäse oder Mozzarella*
- *1 kleine Zwiebel*
- *1 Knoblauchzehe*
- *150 g Weizen*
- *125 g Gerste oder Grünkern*
- *1 TL Kräutersalz*
- *schwarzer Pfeffer, frisch gemahlen*
- *6 Blätter frisches Basilikum*
- *3 TL Weinstein-Backpulver*
- *½ TL Natron*
- *12 Kirschtomaten*
- *1 Ei*
- *80 ml Olivenöl*
- *300 g Buttermilch*
- *12 schwarze Oliven, entsteint*

für die Backform:

- *Fett und Mehl*

1. Den Backofen auf 180 °C (Umluft 160 °C) vorheizen. Die Vertiefungen im Muffinblech einfetten und mit Mehl bestäuben. Keine Papier-Backförmchen verwenden, da der Teig am Papier kleben bleibt.

2. Schafskäse oder Mozzarella in kleine Stücke schneiden. Zwiebel und Knoblauch schälen und fein hacken. Weizen und Gerste oder Grünkern fein mahlen. Zwiebel, Knoblauch, Mozzarella oder Schafskäse, Kräutersalz, Pfeffer sowie Backpulver und Natron dazugeben und alles sorgfältig miteinander vermischen.

3. Die Tomaten waschen und vierteln. In einer großen Schüssel das Ei leicht verquirlen. Dann das Öl, die Buttermilch und die Tomatenstückchen hinzufügen und alles kurz miteinander verrühren. Die Mehlmischung zur Eiermasse geben und nur so lange rühren, bis die trockenen Zutaten feucht sind.

4. Die Hälfte des Teigs in die Muffinblech-Vertiefungen füllen. Dann je 1 Olive auf den Teig geben und den restlichen Teig darauf verteilen. Die Muffins im heißen Backofen auf der mittleren Schiene 20–25 Minuten backen.

5. Die fertigen Muffins aus dem Backofen nehmen, in der Form 5–10 Minuten ruhen lassen, dann aus der Form lösen und noch warm servieren.

TIPP:

Sollten Sie keine Kirschtomaten bekommen, nehmen Sie 2 normale Tomaten. Diese nach Belieben häuten, entkernen und in kleine Würfel schneiden. Mit frischem Rosmarin dekorieren

Pinien-Pilz-Muffins (Abb. Seite 59)

für den Teig:

150 g Weizen oder Dinkel
100 g Amarant
70 g gehackte Pinienkerne
70 g geriebener, herzhafter Käse (z. B. alter Gouda oder Bergkäse)
1 zerdrückte Knoblauchzehe
1 TL Salz
schwarzer Pfeffer, frisch gemahlen
3 TL Weinstein-Backpulver
½ TL Natron
1 Ei
80 ml Pflanzen- oder Olivenöl
350 g Jogurt oder Kefir

für die Füllung:

200 g frische Pilze
2 EL Pflanzen- oder Olivenöl
1 Zwiebel, fein gehackt
1 ½ EL Vollkorn-Semmelbrösel
1–2 EL frische gehackte Gartenkräuter (z. B. Schnittlauch, Petersilie)
½ TL Salz
schwarzer Pfeffer, frisch gemahlen

zum Bestreuen:

3–4 EL Pinienkerne

für die Backform:

Fett und Mehl

1 Den Backofen auf 180 °C (Umluft 160 °C) vorheizen. Die Vertiefungen im Muffinblech einfetten und mit Mehl bestäuben. Bitte keine Papier-Backförmchen verwenden, da der Teig sonst am Papier kleben bleibt.

2 Für die Füllung die Pilze putzen und in feine Scheiben schneiden. Das Öl erhitzen und die Zwiebel darin glasig dünsten. Die Pilze hinzufügen und mit anbraten. Semmelbrösel und Kräuter dazugeben und kurz mitbraten. Die Masse mit Salz und Pfeffer würzen und abkühlen lassen.

3 Weizen oder Dinkel und Amarant fein mahlen. Dann Pinienkerne, Käse, Knoblauch, Salz und Pfeffer, Backpulver sowie Natron dazugeben und alles sorgfältig miteinander vermischen.

4 In einer großen Schüssel das Ei leicht verquirlen. Dann Öl und Jogurt oder Kefir hinzufügen und alles gut miteinander verrühren. Die Mehlmischung zur Eiermasse geben und nur so lange rühren, bis die trockenen Zutaten feucht sind.

5 Die Hälfte des Teigs in die Muffinblech-Vertiefungen füllen. Dann je 1 TL der Pilzfüllung auf den Teig geben, mit dem restlichen Teig auffüllen und mit gehackten Pinienkernen bestreuen. Die Muffins im heißen Backofen auf der mittleren Schiene 20–25 Minuten backen.

6 Die fertigen Muffins aus dem Backofen nehmen, in der Form 5–10 Minuten ruhen lassen, dann aus der Form lösen und noch warm servieren.

Kartoffel-Maismehl-Muffins

für den Teig:

1	*Frühlingszwiebel*
150 g	*Weizen*
100 g	*Maismehl*
100 g	*geriebener Greyerzer oder Bergkäse*
4 EL	*Sesam- oder Leinsamen*
1–2	*zerdrückte Knoblauchzehen*
½ TL	*Kräutersalz*
	schwarzer Pfeffer, frisch gemahlen
1 EL	*Gemüsebrühe (Instantpulver)*
2 Msp.	*Muskatnuss*
2 ½ TL	*Weinstein-Backpulver*
½ TL	*Natron*
1	*Ei*
1	*mittelgroße gekochte Kartoffel (in der Schale; vom Vortag)*
80 ml	*Oliven- oder Pflanzenöl*
300 ml	*Milch*

zum Bestreuen:

50 g	*geriebener Bergkäse*

für die Backform:

Fett und Mehl

1 Den Backofen auf 190 °C (Umluft 170 °C) vorheizen. Die Vertiefungen im Muffinblech einfetten und mit Mehl bestäuben. Keine Papier-Backförmchen hineinsetzen, da der Teig am Papier kleben bleibt.

2 Die Frühlingszwiebel putzen und fein hacken. Den Weizen fein mahlen. Dann Maismehl, Käse, Sesam- oder Leinsamen, Frühlingszwiebel, Knoblauch, Salz, Pfeffer, Gemüsebrühe, Muskat, Backpulver und Natron hinzugeben und alles sorgfältig miteinander vermischen.

3 In einer großen Schüssel das Ei leicht verquirlen. Die Kartoffel schälen und mit einer Gabel fein zerdrücken. Kartoffel, Öl und Milch zum Ei geben und alles gut miteinander verrühren. Die Mehlmischung zur Eiermasse geben und nur so lange rühren, bis die trockenen Zutaten feucht sind.

4 Den Teig in die Muffinblech-Vertiefungen füllen und mit Käse bestreuen. Die Muffins im heißen Backofen auf der mittleren Schiene 20–25 Minuten backen.

5 Die fertigen Muffins aus dem Backofen nehmen, in der Form 5–10 Minuten ruhen lassen, dann aus der Form lösen und noch warm servieren.

Variante

Wer es deftig liebt, rührt noch 100 g ausgelassene Speckwürfel oder – rein vegetarisch – 100 g Räuchertofu-Stückchen unter den Teig.

Hähnchen-Nuss-Muffins

für den Teig:

100 g Erd- oder Cashewnüsse
150 g Weizen
100 g Dinkel
120 g gebratenes Hähnchenfleisch oder geräucherte Putenbrust
1 Möhre (ca. 100 g)
1 Frühlingszwiebel oder
1 kleine Zwiebel
½ EL Olivenöl
1 TL Curry
1 TL Kräutersalz
schwarzer Pfeffer, frisch gemahlen
3 TL Weinstein-Backpulver
½ TL Natron
1 Ei
80 ml Erdnuss- oder Olivenöl
300 g Jogurt oder Kefir

für die Backform:

Fett und Mehl

1 Den Backofen auf 180 °C (Umluft 160 °C) vorheizen. Die Vertiefungen im Muffinblech einfetten und mit Mehl bestäuben. Keine Papier-Backförmchen hineinsetzen, da der Teig am Papier kleben bleibt.

2 In einer trockenen Pfanne die Nüsse ohne Fett hellgelb rösten, dann abkühlen lassen und später grob hacken. Zum Bestreuen ca. 3 EL davon abnehmen und beiseite stellen.

3 Weizen und Dinkel fein mahlen. Das Fleisch klein schneiden, die Möhren waschen und grob raspeln. Die Frühlingszwiebel putzen, in feine Scheiben schneiden und in dem Öl andünsten, abkühlen lassen. Diese Zutaten mit dem Weizen- oder Dinkelmehl, Curry, gehackten Nüssen, Kräutersalz, Pfeffer sowie Backpulver und Natron vermischen.

4 In einer großen Schüssel das Ei leicht verquirlen. Dann Öl und Jogurt oder Kefir hinzufügen und alles gut miteinander verrühren. Die Mehlmischung zur Eiermasse geben und nur so lange rühren, bis die trockenen Zutaten feucht sind.

5 Den Teig in die Muffinblech-Vertiefungen füllen und mit den beiseite gestellten gehackten Nüssen bestreuen. Die Muffins im heißen Backofen auf der mittleren Schiene 20–25 Minuten backen.

6 Die fertigen Muffins aus dem Backofen nehmen, in der Form 5–10 Minuten ruhen lassen, dann aus der Form lösen, noch warm servieren.

Variante für Vegetarier

Räuchertofu- oder Büffelmozzarellawürfel statt Fleisch verwenden.

Tofu-Reis-Muffins

für den Teig:

50 g Reis (z. B. Basmati- oder Wildreis)
100 ml Gemüsebrühe
200 g Tofu natur
1 kleine Zwiebel
1 Möhre (ca. 120 g)
100 g Weizen
100 g Quinoa
80 g Sojakeimlinge (wahlweise)
1 TL Chinagewürz
½ TL Salz
Pfeffer
3 TL Weinstein-Backpulver
½ TL Natron
1 Ei
80 ml Pflanzen- oder Olivenöl
2 EL Sojasauce
300 g Buttermilch

für die Backform:

Fett und Mehl

1 Den Backofen auf 190 °C (Umluft 170 °C) vorheizen. Die Vertiefungen im Muffinblech einfetten und mit Mehl bestäuben. Keine Papier-Backförmchen verwenden, da der Teig am Papier kleben bleibt.

2 Den Reis nach Packungsanweisung in der Gemüsebrühe weich garen, dann beiseite stellen und abkühlen lassen.

3 Den Tofu in kleine Stücke schneiden. Die Zwiebel schälen und fein hacken. Die Möhre waschen und grob raspeln. Weizen und Quinoa fein mahlen. Dann die Tofustückchen, die Zwiebel und die Möhrenraspel, wahlweise die Sojakeimlinge, Chinagewürz, Salz und Pfeffer, Backpulver und Natron dazugeben und alles sorgfältig miteinander vermischen.

4 In einer großen Schüssel das Ei leicht verquirlen. Dann das Öl, die Sojasauce, die Buttermilch und den Reis hinzufügen und alles kurz miteinander verrühren. Die Mehlmischung zur Eiermasse geben und nur so lange rühren, bis die trockenen Zutaten feucht sind.

5 Den Teig in die Muffinblech-Vertiefungen füllen. Die Muffins im heißen Backofen auf der mittleren Schiene 20–25 Minuten backen.

6 Die fertigen Muffins aus dem Backofen nehmen, in der Form 5–10 Minuten ruhen lassen, dann aus der Form lösen und noch warm servieren, dazu nach Belieben in Papierförmchen setzen.

Variante:

Die Muffins bekommen mehr Biss, wenn Sie 4 EL gehackte Sonnenblumen- oder Kürbiskerne unter den Teig rühren und die Muffins vor dem Backen mit 3 EL Sonnenblumen- oder Kürbiskernen bestreuen.

Genießen weltweit

Ursula Ferrigno ~ VegItalia: Vegetarisch & echt italienisch, schnell – einfach – köstlich
Eine klassische Sammlung leckerer und authentischer vegetarischer Rezepte aus Italien, die einfach nachzuvollziehen sind: Großartiges italienisches Essen – voller Geschmack und gut für die Gesundheit. Die 125 Rezepte werden ergänzt durch eine Warenkunde, die »italienische Vorratskammer«.
ISBN 3-7750-0338-X

Sushila Issar / Mrinal Kopecky ~ Indisch vegetarisch
Die indische Küche ist eine unerschöpfliche Quelle vegetarischer Köstlichkeiten. Für dieses Buch wurden über 100 der attraktivsten vegetarischen Originalrezepte aus Indien ausgewählt und so bearbeitet, dass sie auch hierzulande problemlos zubereitet werden können. Mit einer ausführlichen Warenkunde.
ISBN 3-7750-0352-5

Theres Berweger ~ Dinkel – das gesunde Getreide
Dinkel erobert seinen Platz in der Küche zurück. In diesem Buch sind neben einer ausführlichen Warenkunde die besten Koch- und Backrezepte vorgestellt, von pikant bis süß, vom kleinen Snack bis zum herzhaften Hauptgericht.
ISBN 3-7750-0413-0

Monica Cacciatore / Claudia Daiber ~ Hülsenfrüchte – mit vielen internationalen Rezepten
Sie denken bei Hülsenfrüchten an Linseneintopf und dicke Erbsensuppe? Das ist zu wenig! Hier kommt die neue Generation der Hülsenfrucht-Gerichte: raffiniert, exotisch und leicht zu kochen, von der Vorspeise bis zum Dessert. Die bunte Auswahl ist international, eine ausführliche Warenkunde rundet das Buch ab.
ISBN 3-7750-0383-5